Finnland
Schweden
Estland
Russland
Lettland
Litauen
Weissrussland
Polen
Tschechische
Republik
Ukraine
Slowakei
Österreich
Ungarn
Slowenien
Kroatien
Rumänien
Serbien
Bulgarien
Albanien
Griechenland
Türkei

FINNLAND

Laß uns langsam rudern,
damit nicht die kleinen Wesen unter den Gräsern erwachen,
laß uns langsam rudern,
damit die Feder am Nestrand nicht zittert,
laß uns langsam rudern,
wenn meine Finger über dein seidenes Blumenkleid gleiten,
so sacht,
daß das schwere Lid des Mondes sich keinmal bewegt.

Viljo Kajava

FINNLAND

Fotografie Fritz Dressler
Text Eberhard Winkler · Otto Michael Schneider

Bucher

INHALT

Seite 1: Ruderboot am Palolompolosee.

Seite 2/3: Bei Kajaani in Nordostfinnland.

Oben: Birkenwald bei Pudasjärvi im Nordwesten Finnlands.

Berichte aus dem Hohen Norden:

R E I S E F Ü H R E R

Otto Michael Schneider

Die Domkirche, das Wahrzeichen der finnischen Hauptstadt Helsinki.

Seite 6/7: Alte Bootshäuser auf der åländischen Insel Eckerö.

Seite 8/9: Der Kai von Katajanokka in Helsinki. Hier legen Ausflugsboote zu den Inseln vor der Stadt ab.

Finnland – Exotik des Nordens

Eberhard Winkler

Vor mehr als sechzig Jahren wurde in einem kleinen Buch Finnland als das Land der Seen, des Waldes und der Sauna, als eine Oase der Ruhe und als ein Hort unverfälschter Natur geschildert. In der Zwischenzeit ist es in die Gruppe der fünfzehn wichtigsten Industrienationen aufgestiegen, in denen Natur zumindest als wohlfeile Ressource gehandelt wurde. Und Finnland selbst? Ist es auch heute noch der Bezirk der Stille – die Welt, in der sich der heutige, von Streß und Frust geplagte Mitteleuropäer aufrichten kann?

Die äußeren Voraussetzungen dafür sind günstig. *Suomi*, wie Finnland von seinen Einwohnern genannt wird, zählt im Vergleich zur Bundesrepublik bei fast gleicher Größe nur ein Sechzehntel deren Bevölkerung. Seine Bevölkerungsdichte wird auf diesem Kontinent nur noch von Island und Norwegen unterboten. Mit seiner geographischen Lage assoziiert der nach Süden orientierte Mitteleuropäer Eisbären, wenn nicht gar Eisberge, wie man in mancher Meinungsumfrage herausgefunden hat. Der «Finnfan» hingegen – jene Spezies Mensch, die regelmäßig jedes Jahr einen gewichtigen Teil der auch in Finnland im Wachsen begriffenen Touristikbranche ausmacht – weiß eher von einer immensen Mückenplage zu berichten. Beides verheißt zwar ein Naturerlebnis, aber nicht unbedingt ein verlockendes.

Man muß Finnland zumindest in zwei Hauptregionen aufteilen: In den Süden und in Lappland, das oberhalb des Bottnischen Meerbusens beginnt. Vieles, was man Finnland zuschreibt, gilt meist nur für Lappland. Aber man steht damit in guter Tradition: Der römische Geschichtsschreiber Tacitus erwähnte schon im Jahr 98 den Stamm der «fenni» und identifizierte damit, wie man heute weiß, die Lappen. Aber selbst im äußersten Norden findet man Eisbären nur an solchen Stellen, wo sie auch in Mitteleuropa zu finden sind: im Tiergarten nämlich. Daß auch Eisberge seit Menschengedenken nicht gesichtet wurden, liegt an Finnlands geographischer Nähe zum Golfstrom. Das Klima ist im Süden relativ mild, die warme Jahreszeit zwar kürzer als diesseits der Alpen, aber unwesentlich kälter. Manchmal hält Finnland sogar einschlägige Rekorde: Im Sommer 1980, der sich überall ungewöhnlich kalt und regnerisch anließ, empfahl die Illustrierte «Stern» ihren nach Sonne und Wärme lechzenden Lesern als die einzige Region zwischen Gibraltar und Hammerfest, die diese Vorzüge schon seit Wochen garantieren konnte – die Ålandinseln. Diese zwischen Finnland und Schweden am Eingang zum Bottnischen Meerbusen gelegene Inselgruppe nimmt auch in anderer Beziehung eine Sonderstellung ein: Sie allein besitzt als finnische, aber rein schwedischsprachige, demilitarisierte Provinz einen Autonomiestatus, der auf die wohl einzige erfolgreiche Vermittlung des Völkerbundes (1921) zurückgeht und sich in Selbstverwaltung, eigener Flagge und eigenen Briefmarken ausdrückt.

Åland besteht aus etwa 6500 kleineren und größeren Inseln und Schären, von denen freilich nur ein geringer Teil bewohnt ist. Ein Paradies, ideal für Naturfreaks, Angler und Radfahrer, die auf dem weitverzweigten Straßennetz in Finnland bei nur wenig mehr als zwanzigtausend Einwohnern genug Bewegungsfreiheit finden.

Finnland ist das gewässerreichste Land der Erde. Nicht umsonst wird es «Land der tausend Seen» genannt; freilich liegt die Anzahl um ein vielfaches höher. Die Seen sind meistens nur wenige Meter tief und deshalb im Sommer angenehm warm zum Baden.

«Nur der blaue Himmel steht über den Wipfeln ... doch immer kommen kleine Seen, schweigend, dunkelgrün und golden. Libellen huschen glasblau über das Wasser wie verzauberte Elfen», aus: Otto Heinrich Klingele, «In den endlosen Wäldern», 1960.

Mit Recht ist man auf die Wasserqualität stolz, die zwar im Süden auch schon ein wenig gelitten hat, im Norden des Landes aber oftmals noch als trinkbar bezeichnet werden kann. Der Fischreichtum ist unter Petrijüngern längst bekannt; die Möglichkeiten, sich als solcher zu betätigen, sind vielfältig und auch für den Anfänger leicht erschließbar. Einzig die schon erwähnten Stechmücken können dieses Vergnügen trüben und auch dem Campingfreund das Leben sauer machen. Das Ausmaß der Plage variiert von Jahr zu Jahr, ist in Lappland deutlich größer als im Süden – je feuchter die Gegend, desto mehr Mücken. Wirksame Mittel gegen Mücken sind genug erhältlich, obgleich die meisten Finnen es vorziehen, sich dem Gegner im Einzelkampf zu stellen.

Ein zweites Element, das dank seiner wirtschaftlichen Bedeutung auch das «grüne Gold» genannt wird, gehört mindestens ebenso zu Finnland: Der Wald. Zwei Drittel sind von Wald bedeckt; er war lange Zeit Finnlands wichtigster Energieträger, Baustoff und Exportartikel und spielt auch heute noch eine eminente Rolle. Zwar kennt man auch in Finnland sauren Regen und Waldsterben, doch ist der Umweltschutz mit Eigennutz verbunden, denn fast zwei Drittel des Waldes sind in Privatbesitz.

Holz ist aber nicht der einzige Schatz, den die finnische Flora zu bieten hat. Andere Schätze sind zwar volkswirtschaftlich von geringer Bedeutung, dafür aber von nicht unwesentlicher kulinarischer. Heidelbeeren, Himbeeren, Preiselbeeren und Walderdbeeren wachsen in einer seltenen Üppigkeit und Größe. Gänzlich unbekannt sind dem Mitteleuropäer die seltenen, an Ackerrainen vorkommenden schwarzroten arktischen Himbeeren und die himbeerförmigen, aber gelben süßen Moltebeeren (*Lakka*), die wie auch die Moosbeeren auf sumpfigem Untergrund gedeihen. Sie sind ein fester Bestandteil der finnischen Küche und nicht selten die Farbtupfer in einer eher farblosen Cuisine. Beeren und Pilze, die es ebenfalls reichlich gibt, dürfen eigentlich auch auf Privatgrund gepflückt werden – ein Teil des alten Jedermannsrechts –, doch die Bereitschaft, dies auch dem Besucher zu gewähren, läßt merklich nach.

«Der August neigte sich dem Ende zu, und schon verschwand der kurze lappländische Sommer so schnell wie er gekommen war … je näher der Herbst und die Zeit der ewigen Nacht rückten, desto weniger gelang es dem See, sich von den Schatten zu befreien», aus: Robert Crottet, «Verzauberte Wälder», 1955.

Auf Zäune und Verbotsschilder wird man in Finnland selten treffen; deshalb sollte man wissen, daß in Lappland die Bevölkerung unter anderem auch von den Erträgen aus dem Sammeln von Beeren lebt – weshalb Auswärtigen das Pflücken dort auch nicht gestattet ist. Auf kein Verständnis wird man in Finnland mit dem Fällen von Bäumen oder mit waidmännischen Unternehmungen ohne die entsprechende Genehmigung stoßen – beides sportliche Betätigungen, mit denen sich schon so mancher Sportsfreund, verlockt durch die Weite des Landes, die Naturbelassenheit und die Menschenleere, in Konflikt mit dem Gesetz brachte.

Das reichlich vorhandene Wasser und viele Holz hat der Finne mit dem Feuer in genialer Weise kombiniert und daraus eine Institution entwickelt, die schon den mythischen Helden des finnischen Nationalepos Kalevala bekannt war: Die Sauna, das Medikament Finnlands. Galt sie früher als ein Born, als ein Jungbrunnen des finnischen Volkes, aus dem es die Energie für seine charakteristische Eigenschaft *Sisu* – eine Art Mittsommernachts-Männlichkeitswahn – zieht und in der früher die Kinder geboren wurden, so ist sie heute ein Stück Badekultur, das auch andernorts viele Freunde gefunden hat. Allerdings hat man hier etwas andere Vorstellungen von dem, was eine Sauna ausmacht: Sie ist eine Stätte der Labsal und der Erbauung, die gelegentlich auch schon mal zu so profanen Zwecken wie dem, einen besonders hartnäckigen Geschäftspartner von außerorts «weichzukochen», benutzt wird. Große Gemeinschaftssaunen wird man hier kaum finden: Geschlechtertrennung ist die Regel. «In der Sauna soll man sich wie in der Kirche benehmen», weiß der Volksmund, und zumindest in früheren Zeiten sorgte der Saunageist mit seiner Würde für gutes Benehmen.

Soll die Sauna originär sein, muß sie mit Holz geschürt werden und an einem See liegen. Im Winter taugt auch Schnee zu Abkühlung, in dem man sich mit Wonne wälzt. *Löyly*, der Wasserdampf, wird reichlich gegeben – nicht nur einmal pro Stunde – und dann auch noch mit vermeintlich wohlriechenden Essenzen angereichert. Der zusätz-

Im Schärengebiet der Ålandinseln liegen abgeschiedene Schilfgebiete in der seichten Uferregion.

DIE SAUNA: EINE FINNISCHE INSTITUTION

Es gibt nur wenige finnische Fremdwörter in den großen Sprachen der Welt, das bekannteste ist sicherlich «Sauna», die finnische Badestube, die in unserer Zeit ihren Siegeszug auch durch südlichere Breiten angetreten hat. Doch gibt es erhebliche Unterschiede zwischen dem, was man hierzulande darunter versteht, und der finnischen Auffassung von einer solchen Stätte: Im Vergleich zur finnischen Sauna ist die hiesige eine Art synthetischer Hamburger, der zwar streng nach EG-Norm hergestellt wurde, aber Charakter oder Geschmack verloren hat. Die Finnen sind weder die Erfinder einer heizbaren Badestube noch haben sie die Wirkung von Wasserdampf in diesem Zusammenhang entdeckt. Genuin finnisch sind jedoch das Verhältnis von Hitze und Dampf, von Wärme und Kälte, der Kult, der mit ihr untrennbar verbunden ist, und die Philosophie dieser Institution. Nach finnischer Auffassung gibt es zwei heilige Plätze, «die Kirche und die Sauna».

Die typisch finnische Sauna ist keine große, öffentliche Gemeinschaftseinrichtung in geschäftiger oder gar turbulenter Umgebung. Sie stellt in ihrer idealen Form eine separate, zur in Finnland obligatorischen Sommerhütte (*kesämökki*) gehörende kleine Blockhütte dar, die unbedingt am Ufer eines stillen, abgelegenen Sees zu stehen hat. Ruhe und Natur sind ebenso notwendige Rahmenbedingungen wie die Möglichkeit, sich im Stadium der Aufgeheiztheit ausreichend abkühlen zu können. Die Hütte selbst ist traditionell spartanisch bis funktional ausgestattet, sie besteht aus einem Vorraum, der zum Waschen und Ruhen dient, und dem eigentlichen Saunaraum, der nur einen Ofen (*kiuas*) und treppenförmig angeordnete Pritschen enthält. An Gerätschaften sind Wasserbehälter, Schöpfkelle und Badebüschel (*saunavihta*, *-vasta*) aus Birkenreisig erforderlich. Die Fenster sollten so angeordnet sein, daß das Auge während des Badevorgangs auf dem See ruhen kann.

Die finnische Sauna ist weder ein heißes Trockenbad noch ein Dampfbad. Der Wasserdampf (*löyly*), der dadurch erzeugt wird, daß Wasser auf die Ofensteine geworfen wird, soll das Schwitzen unterstützen, aber nicht ersetzen – entscheidend ist die richtige Mischung: Sie zu ermitteln, bedarf es einiger Erfahrung. Das Beifügen von ätherischen Essenzen, hierzulande nicht selten Brauch, ist in Finnland zu Recht unbekannt. Hohe Temperaturen (über 100° C) gehören keinesfalls zur finnischen Sauna, auch wenn schon mal der eine oder andere damit prahlt. Hat man

ausreichend geschwitzt, folgt ein weiterer wesentlicher Bestandteil des Badens in der finnischen Sauna: Man bearbeitet schlagenderweise seinen Körper mit dem Birkenquast, was die Poren öffnen und verborgenen Schmutz aus den oberen Hautschichten entfernen soll. Diese Form von Massage ist in ihrer Wirkung ungeheuer effektiv und wohltuend. «Eine Sauna ohne Quast ist wie eine Hochzeit ohne Braut», sagt man in Finnland. Schließlich ist es von ganz enormer Bedeutung, sich ausreichend abzukühlen. Selbst im Winter geht man ins Freie, in den See, oder man wälzt sich bei entsprechenden Verhältnissen im Schnee. Nach der gründlichen Waschung ist ausreichend Ruhe notwendig. Der ganze Badevorgang geschieht mit Muße nach eigenem Gusto und Befinden. Minuziös geplanter, genau vorgeschriebener Ablauf, in deutschen Saunen als Saunaregeln deklariert, sind gegen den Geist der finnischen Sauna. Abgerundet wird der Saunagang durch eine gute Mahlzeit, meistens durch anschließend auf den Ofensteinen gebratenen oder im Kamin gegrillten Würsten mit Senf und Bier. «In der Sauna soll man sich wie in der Kirche benehmen», unanständiges Reden oder gar Pfeifen verstößt gegen alle Sitten und verärgert den Saunageist. In Finnland wird immer nach Geschlecht getrennt sauniert. Was hierzulande schon mal in einschlägigen Etablissements als Sauna ausgegeben wird, kann sich nicht auf das finnische Original berufen. Kommt man aus der Sauna, so überbringt man Grüße von ihr: *terveisiä saunasta.* Eine Einladung in das Heim eines finnischen Gastgebers verbindet sich zumeist mit einem Besuch der Sauna, was als Ehre zu verstehen ist und nicht leicht zurückgewiesen werden kann. Die Tatsache, daß in der Sauna alle gleich (nämlich nackt) sind, ermöglicht ungezwungenen Umgang auch mit noch Unbekannten, gibt ins Stocken geratenen Geschäftsverbindungen oder Verhandlungen neuen Auftrieb oder erwärmt erkaltete Beziehungen. «In der Sauna verraucht der Zorn und die Galle trocknet ein» weiß ein finnisches Saunalied; in ihr findet der Mensch sein inneres Gleichgewicht wieder. Die Wirkungen auf den Körper, ihr heilender Einfluß, sind sowieso unumstritten. Drastisch bringt dies der Volksmund auf den Punkt: «Wenn Sauna, Teer und Schnaps nicht helfen, so holt einen der Tod.» *Eberhard Winkler*

Oben: Der Birkenquast darf nicht fehlen. – Unten: Heizen der Sauna. (Fotos von 1941)

In riesigen Floßzügen werden die Baumstämme durch die Saimaa-Seen transportiert. Holz begründete einst Finnlands Wohlstand, und noch heute macht es vierzig Prozent des Exports aus.

liche Gebrauch von Birkenquasten, mit denen man sich in der Sauna die Haut massiert, macht diese schließlich zu einer echt finnischen Sauna: Was nach einer argen Form von Selbstzüchtigung aussieht, stellt in Wirklichkeit den Höhepunkt dieser alten Kultur dar. Recht beliebt ist auch die Sitte, das Volumen der durch das Schwitzen verlorengegangenen Flüssigkeit durch ein gleiches, lieber auch größeres Maß an geistigen Getränken zu ersetzen. «Wenn Sauna, Teer und Schnaps nicht helfen, so holt einen der Tod», heißt es im Volksmund. Paßt man diese Sitte wie auch Verweildauer und Temperatur seiner individuellen Konstitution an, ist damit eine optimale Wirkung garantiert.

Sind die Erwartungen an Finnland eingangs zu hoch geschraubt worden? Ich glaube nicht. Selten kann man anderswo vergleichbare Momente erleben: Man sitzt auf der Holzterrasse einer *Kesämökki* (Sommerhütte), die abseits jeglicher Ansiedlung am Ufer eines malerisch von Wald umrahmten Sees liegt, genießt nach einem der eigenen Versorgung dienenden Tagewerk und einem alle Kräfte erquickenden Besuch einer finnischen Sauna die laue Sommernacht, die wegen des Sonnenstandes – Mittsommernacht – kaum eine Nacht ist, und vernimmt außer gelegentlichem Vogelgezwitscher und dem sanften Spiel des Windes mit dem Wasser nur absolute Stille um sich herum. Der Weg zu sich selbst ist dann nicht mehr weit.

Aber ein Mindestmaß an Flexibilität und Anpassungsvermögen, um Finnland zu erleben, wie es ist, ist schon vonnöten. Finnland ist kein Konsum-Urlaubsland, es will vielmehr zu einem guten Stück erobert sein. Die Sommer können verregnet und unangenehm kalt sein, die Stechmücken einem alle Urlaubsgefühle vertreiben und Sprachschwierigkeiten alle gutgemeinten Versuche, dem Land mehr als nur flüchtige Eindrücke abzugewinnen, zunichte machen. Setzt man solche Erlebnisse in Beziehung zu seiner Urlaubskasse – Finnland ist alles in allem kein billiges Urlaubsland –, so wird sich mancher für einen bequemeren Urlaub entscheiden. Aber Finnland ist eben kein Land des Massentourismus – der auch gar nicht erwünscht ist.

Wie nach Sankt Petersburg und nach Wiborg in Karelien, so führen von Helsinki aus Schiffslinien nach Tallinn, der Hauptstadt der Republik Estland. Ein Besuch in Tallinn (Reval) ist auf dem Seeweg von Helsinki aus auch als Tagestour möglich.

Finnlands Regionen

Zweifellos am bekanntesten ist die Hauptstadt Helsinki, der Wasserkopf Finnlands: Austragungsstätte der Olympischen Sommerspiele 1952, Ausrichtungsort der KSZE-Konferenz 1975 – die Helsinki-Schlußakte besitzt heute in der internationalen Politik geradezu Symbolcharakter. Helsinkis historische Rolle steht jedoch im Schatten Turkus, der Hafenstadt am Trennpunkt von Bottnischem und Finnischem Meerbusen, die über Jahrhunderte das geistige und politische Zentrum des Landes bildete und erst durch einen verheerenden Brand zu Beginn des letzten Jahrhunderts ihre Stellung einbüßte. Stolz nennt sich deshalb die Region um Turku «das eigentliche Finnland».

Turku war und ist auch heute noch das Tor zum Westen, dessen Bewohner als weltoffen und überaus gastfreundlich gelten. Es hat viel von der Atmosphäre alter europäischer Universitätsstädte, ist im Gegensatz zum schon fast internationalen Helsinki viel finnischer, ohne dabei aber provinziell zu wirken. Turku ist wohl in erster Linie als Hafenstadt mit drei Buchstaben bekannt: Åbo, der schwedische Name der Stadt.

Der Reiz Südwestfinnlands liegt in seiner ihm vorgelagerten Schärenwelt, die sich in den Ålandinseln kumuliert. Sie besteht aus vielen größeren, ganzjährig bewohnten Inseln, die an das Verkehrsnetz angeschlossen sind, einer Unmenge von kleinen, nur per Motorboot erreichbaren Inselchen, die mit Sommerhütten gekrönt sind, und Tausenden von unbewohnten, oft baumlosen Felserhebungen. Die Schärenbewohner sprechen schwedisch, wie überhaupt die Küstenregionen nordwärts und ostwärts die letzten Bastionen des Schwedischen, der zweiten Landessprache, darstellen, die im Binnenland heutzutage praktisch keine Rolle mehr spielt.

In Helsinki, den Trabantenstädten Espoo und Vantaa sowie in den angrenzenden Bezirken wohnt heute mehr als ein Viertel der gesamten Bevölkerung, obwohl die Provinz Uusimaa (Neuland) nicht mal drei Prozent der Fläche Finnlands einnimmt. Die

EMPIRE, JUGENDSTIL UND MODERNE – ARCHITEKTUR IN HELSINKI

Zumindest – und eigentlich nur – architektonisch ist Helsinki eine Stadt der uneinheitlichen und stark kontrastierenden Stilrichtungen.

Das älteste erhaltene Steinhaus in Helsinki stammt aus dem 18. Jahrhundert und steht dicht beim Senatsplatz, an der Ecke Aleksanterinkatu und Katariinankatu. Erbauen ließ es der Kaufmann Sederholm, der auf dem Alten Friedhof in einem der wenigen Mausoleen dieser Anlage liegt. Das Haus hat keinen erkennbaren Stil, es zeugt einzig von solider Handwerker-

arbeit. Während der schweren Kämpfe im schwedisch-russischen Krieg von 1808/09 brannte Helsinki fast völlig ab, und Alexander I. (1777–1825) entschied, nun solle auf den Ruinen ein völlig neuer Stadtkern entstehen, der den neuen Untertanen des russischen Großfürstentums sinnfällig machen solle, daß Finnland einer glanzvollen Zeit entgegengehe.

Den Bauauftrag erhielt der Berliner Architekt Carl Ludwig Engel. Er erriet, was man in Sankt Petersburg von ihm erwartete, tat sich in der Hauptstadt des Zaren um und entschied sich für einen klassizistischen Baustil, das Empire, eine Stilrichtung, die damals – wie wir heute sagen würden – schon «out» war. Im Empire-Stil konnte Carl Ludwig Engel in Helsinki einen kompletten Stadtkern schaffen, dessen stilistische Geschlossenheit auf der ganzen nördlichen Halbkugel einmalig ist.

Carl Ludwig Engel mag wohl bis zu seinem Tod im Jahr 1840 gehofft haben, daß er damit in Helsinki und ganz Finnland Zeichen für die Zukunft setzte. Nachahmer hat es jedoch nicht gegeben.

Die nächste Bau- und Stilperiode markiert die wirtschaftliche Vorwärtsentwicklung Finnlands nach 1863. Sie war von einem neuen Nationalbewußtsein geprägt. Der schlanke und kräftige Turm des Nationalmuseums ist sein Ausrufezeichen. In schönem Einklang mit dem Senat als Auftraggeber für die öffentlichen Bauten in Helsinki – wie Hauptbahnhof und Nationalmuseum – entschieden sich auch die gut verdienenden Banken und Versicherungsgesellschaften für den Jugendstil.

Bürgerhäuser von Carl Ludwig Engel gibt es kaum, außer einigen am Südrand des Senatsplatzes. Im Jugendstil entstanden jedoch drei Stadtteile, die auch heute noch flächendeckend diese Richtung repräsentieren: Kruununhaka, Katajanokka und Eira. Auch das wohlhabend gewordene Bürgertum wollte um die Jahrhundertwende und noch zwei Jahrzehnte danach eine nationale Fassade hervorkehren. Die Begeisterung für den Jugendstil erlosch, als Finnland unabhängig wurde.

Nun dauerte es nur wenige Jahrzehnte, bis ein ganz neuer Baustil entstand. Kein Architekt hat dabei größere Bedeutung erlangt und klarer die Richtung gewiesen als Alvar Aalto (1896–1976). Er gilt als Lehrmeister einer neuen Generation und als Nestor der modernen Architektur. Die Richtung weisen, das hieß: In durchaus moderner Weise die Funktion eines Bauwerkes auch in seiner äußeren Gestalt zum Ausdruck zu bringen, aber dabei nicht auf traditionelle Bauelemente – in

Finnland beispielsweise Holz – zu verzichten. Dieser neue Baustil hatte Zukunft und fand großen Anklang, so daß nicht nur in Helsinki und Finnland Bauten von Alvar Aalto zu finden sind, sondern in zahlreichen Ländern der Welt, auch in Deutschland. 1971 wurde in Helsinki das Kongreßgebäude als erster Bauabschnitt der *Finlandia-Halle* eingeweiht. Bei der Planung unterlief dem großen Architekten ein Kunstfehler: Er wählte für die Fassade italienischen Marmor, aber nach zwanzig Jahren zeigte sich, daß das Material für die Fassadenverkleidung Helsinkis wechselhaftes und zuweilen hartes Klima nicht aushielt. Der weiße Marmor begann im Lauf der Zeit abzublättern. Das aber macht den honorigen und humorigen Mann mit der zuweilen nachdenklich gerunzelten Stirn nur menschlicher: Auch Aalto konnte irren. Die finnischen Architekten und Architektinnen, die in großer Zahl Alvar Aalto nacheiferten, knüpften an den Nestor an. Wie Reima und Raili Pietilä, von denen 1986 zwei Gebäude eingeweiht wurden, die Hauptbücherei in der südfinnischen Industriestadt Tampere und die finnische Botschaft in Neu-Delhi. Reima Pietilä gründete als Professor in der nordfinnischen Universitätsstadt Oulu die berühmte «Oulu-Schule.» Sie schlägt einen Bogen von der Rotziegelarchitektur des jungen Alvar Aalto zu einer Architektur, die wieder ihre Wurzeln in der Vorstellungswelt jener Finnen sucht, die nicht in der Hauptstadt leben und leben wollen.

Reinhold Dey

Wunderschöne Jugendstilfassaden sieht man in Helsinki in den Stadtteilen Eira, Kruununhaka und Katajanokka (Mitte links und unten links). – Einen Kontrast bilden der Jugendstilbahnhof und der klassizistische Dom (Mitte oben). – Auch die Moderne findet sich in Helsinki: Das Rundfunkhaus (unten rechts) und die 1993 fertiggestellte Neue Nationaloper (oben rechts und Mitte rechts).

«Kosmopolit kann man wirklich nur dann sein, wenn man eine Verankerung im Lokalen hat.»
(frei nach Alvar Aalto)

überragende Stellung der Hauptstadtregion ist erst jüngeren Datums: 1912 Haupt- und 1828 Universitätsstadt geworden, kam ihre und damit auch Finnlands Geltung erst Anfang dieses Jahrhunderts mit der Erlangung der Unabhängigkeit richtig zum Tragen. Die Stadt in ihrer heutigen Gestalt ist gerade 150 Jahre alt, hat diese aber gut bewahrt, denn Zerstörungen durch Kriegseinwirkungen waren gering. Zwei Baumeister haben das Antlitz der «Tochter der Ostsee» entscheidend gestaltet: Der deutschstämmige Carl Ludwig Engel und später, allen voran, Eliel Saarinen, die Vertreter der nationalromantischen Jugendstilarchitektur, mit der Finnland auf der ganzen Welt Beachtung fand.

Helsinki ist trotz seiner finnischen Prägung eine internationale Metropole, in der sich ausländische Einflüsse und Modeerscheinungen zuerst und am intensivsten bemerkbar machen. Seine Rolle in Finnland spiegelt sich deutlich im Bewußtsein seiner Einwohner wider: Es wird von ihnen einfach und bescheiden «die Stadt» genannt. Deren Horizont im Hinterland endet an der noch vor der Stadtgrenze verlaufenden sogenannten Wolfsgrenze – eine Art finnischer «Weißwurstäquator» –, jenseits derer nur hoffnungslose Provinzler, für die sie eine Unmenge wenig schmeichelhafter Benennungen parat haben, ihr «trostloses Dasein» fristen. Diesen wiederum gilt der Helsinkier, wie zum Beispiel der Wiener allen übrigen Österreichern, als arrogant, borniert und kalt. Trotz Animositäten ist die Anziehungskraft, die Helsinki ins übrige Finnland ausstrahlt, ungebrochen, da alle wichtigen politischen, wirtschaftlichen und kulturellen Institutionen hier angesiedelt sind, die Arbeitsmarktlage im Gegensatz zu vielen anderen Gegenden ausgesprochen gut ist. Alle wichtigen internationalen Verkehrswege beginnen und enden in der Hauptstadt.

Die Dritte im Bunde finnischer Großstädte ist Tampere, auch das finnische Manchester genannt. Ist Turku eher eine Stadt des Bildungsbürgertums, so versteht sich Tampere als eine Stadt der Arbeiterbewegung. In Tampere werden die Traditionen der Arbeiterbewegung bewußt hochgehalten: Es ist das Zentrum kultureller und akademischer Betätigung, die gesellschaftliche und politische Fragen in ihren Mittelpunkt stellt. Anfang des Jahrhunderts wurden hier die ersten Arbeitertheater gegründet und damit der Grundstein für die Stellung Tamperes als die finnische Theaterstadt schlechthin gelegt. Tampere ist zudem Zentrum der Provinz Häme, deren Hauptstadt Hämeenlinna («die Burg Hämes») ist. Die Bewohner Hämes, die *Hämäläiset*, werden als eigener finnischer Stamm angesehen, deren Benennung sich sprachhistorisch schon sehr früh nachweisen läßt.

Der Süden Finnlands ist topographisch einheitlich, das Land flach bis bestenfalls hügelig. Die höchste Erhebung ist der Koli (347 Meter), eine Anhöhe am Ufer des Pielinensees im Norden der zentralfinnischen Seenplatte. Diese gibt dem Südteil ihr ureigenstes Gepräge und letztlich auch dem ganzen Land die Benennung: «Land der tausend Seen». Die Seenplatte ist ein Relikt aus der Eiszeit und stellt sich heute als ein unüberschaubares Labyrinth aus Wasser, Wald, Halbinseln und Inseln dar. Obwohl der Saimaa Europas fünftgrößter See ist, wird dies nur von wenigen Stellen seines Ufers her erkennbar: Charakteristisch für diesen wie auch für viele andere Seen ist eine Art Verbundsystem, die es selbst dem Betrachter einer Detailkarte schwierig macht, zu erkennen, wo der eine See anfängt und der andere aufhört. Zentrum dieser Region ist wohl Jyväskylä, eine bedeutende Universitätsstadt – hier wurde auch das erste finnischsprachige Gymnasium Finnlands gegründet – und Hauptstadt der Provinz Mittelfinnland. Jyväskylä gilt gemeinhin als die finnischste aller Städte, in der man auf Schritt und Tritt Zeugnissen des Schaffens des gewiß berühmtesten finnischen Architekten, Alvar Aalto, begegnet. Die meisten Städte der Region sind relativ jung, ihr Stadtbild ist deshalb nicht immer sehr aufregend. Historisch bedeutsam ist Savonlinna, das eine der mächtigsten und eindrucksvollsten Burgen Finnlands, die Olavinlinna, sein eigen nennt. Diese ist alljährlich glanzvolle Kulisse international renommierter Opernfestspiele.

Die Provinz Savo, zu der Savonlinna nur historisch gehört – Hauptstadt ist Kuopio –, hat ihre Eigenheiten: Ihre Bewohner, die *Savolaiset*, werden gleichfalls als eigener finnischer Volksstamm betrachtet, der sich heutzutage nicht nur durch seine markante Mundart, sondern auch durch Pfiffigkeit und Humor von allen anderen Finnen unterscheidet.

Fortsetzung Seite 37

Den Hauptbahnhof von Helsinki, zwischen 1910 und 1914 erbaut, entwarf der finnische Architekt Eliel Saarinen. Er ließ sich bei seinem Entwurf von den Architekturformen des Jugendstils inspirieren.

Nächste Doppelseite: Bei der Einfahrt in den Hafen zeigt sich die «Tochter der Ostsee», wie Helsinki poetisch genannt wird, mit ihrem auch heute noch fast alles überragenden Dom.

Auf dem Markt am Hafen von Helsinki werden frische Lebensmittel, vor allem Fisch und Gemüse, entweder direkt von den Fischern und Bauern angeboten oder in der Markthalle, einem schönen Neu-Renaissancebau aus dem 19. Jahrhundert, verkauft (im Hintergrund).

Ganz in der Nähe des Marktes am Hafen: Die klassizistische Fassade des Präsidentenpalais' von Helsinki mit ihren mächtigen Säulen gehört zu der einzigartigen, in sich geschlossenen «Empire-Stadt», die nach dem großen Brand von Helsinki zu Beginn des 19. Jahrhunderts entstand.

Militärparade anläßlich eines Staatsbesuchs in Helsinki. Rechts im Bild das Rathaus.

Nächste Doppelseite: Der Senatsplatz in Helsinki mit dem Regierungspalais. Davor das Bronzedenkmal für Zar Alexander II., Großfürst von Finnland.

An der Seeseite der Finlandia-Halle in Helsinki, einem großzügigen Konzert- und Kongreßgebäude, das unter der Regie von Alvar Aalto zwischen 1962 und 1975 erbaut wurde. Hier tagte 1975 die von Finnland angeregte KSZE (Konferenz über Sicherheit und Zusammenarbeit in Europa).

Blick auf die Unioninkatu in Helsinki: Links die Universitätsbibliothek.

Schalterhalle im Hauptbahnhof von Helsinki. Die Deckenkonstruktion zeigt bereits die rein funktional gedachte Bauweise, die der Architekt Eliel Saarinen bei seinen späteren Werken in den USA verwendete.

Nächste Doppelseite: In der Universitätsbibliothek von Helsinki. Ingesamt 84 Säulen zieren die drei Hauptlesesäle – sie sind aus Holz und mit Stuckmarmor verkleidet.

Die älteste Holzkirche im Freilichtmuseum auf der Museumsinsel Seurasaari bei Helsinki stammt aus Karuna in Südwestfinnland und wurde bereits 1685 erbaut.

Das Freilichtmuseum auf der Museumsinsel Seurasaari bei Helsinki zeigt die bürgerliche Wohnkultur des 18. Jahrhunderts in Finnland (oben) ebenso wie einfach eingerichtete Räume, in denen der Haushalt besorgt wurde (unten). Man kann sich anhand der hier ausgestellten Wohnhäuser und Gerätschaften aus der vergangenen Zeit einen Begriff davon machen, wie hart der Alltag in Finnland früher, vor allem während der langen und dunklen Wintermonate, war.

Nächste Doppelseite: Auf den Inseln bei der ehemaligen Festungsanlage Suomenlinna liegen die schönsten Badegelegenheiten in der Nähe der Hauptstadt.

Luoto, eines der Inselchen gegenüber dem Olympiakai in Helsinki. Die ansprechende Holzarchitektur des Restaurants Klippan (im Bild) trägt zu einer gemütlichen Atmosphäre bei.

Die finnische Küche verdankt dieser Region eine lukullische Spezialität, die recht exotisch anmutet: Das *Kalakukko*, ein sehr schmackhaftes Bauernbrot, in dessen Innerem sich ein Gemisch aus Maränen (eine Fischart) und Schweinespeck befindet.

Im Südosten und Osten wird die Seenplatte durch zwei echte Nachkriegsgebilde begrenzt, die durch die Not der Stunde zustande kamen: Die Provinzen Kymi, mit der Hauptstadt Kouvola und den Hafenstädten Kotka und Hamina, und Nordkarelien sind die Überbleibsel des alten Karelien, das zum größten Teil 1944 an die Sowjetunion als Folge der Niederlage abgetreten werden mußte. Karelien nahm in vieler Hinsicht eine Sonderstellung ein. Im Mittelalter unter russischen Einfluß geraten, erlebte es unter der Ägide Nowgorods auch gleich seine Blütezeit. Als Nowgorod der Großmacht Moskau weichen mußte, ging es mit dem Handel und den Lebensbedingungen der Karelier bergab: Moskau trachtete gerade im Westen nach einem Zugewinn an Land, so daß der karelische Siedlungsraum in die Rolle einer ständigen Pufferzone zwischen Ost und West geriet. Da alle Versuche Schwedens, hier Fuß zu fassen, mißlangen, verfestigte sich der Einfluß slawischer und byzantinischer Traditionen auf Karelien. Konnte Westfinnland als Teil des schwedischen Reichs an dessen geistiger Entwicklung teilhaben – Mikael Agricola schuf im 16. Jahrhundert die Grundlagen für die finnische Schriftsprache –, so blieben die orthodoxen Karelier davon ausgeschlossen: Eine tragfähige Schriftsprache für das Karelische ist nie entwickelt worden, ein eigenes kulturelles Zentrum nirgendwo entstanden. Als Westfinnland 1809 von Rußland annektiert wurde, hatte man dort für das nun mit ihm vereinte, wenig gebildete Brudervolk, das sich abweichend russisch benahm, nicht viele Sympathien. Eins hatte sich aber in Karelien über all die Jahrhunderte bewahrt: die mündliche Erzähltradition. Als man sich dem Volksliedgut zuwandte und sich auf die romantische Ursprünglichkeit, auf die eigenen Traditionen besann, als Elias Lönnrot aus dem überwiegend in Karelien gesammelten Liedmaterial 1835 das Nationalepos Kalevala schmiedete und dieses dann von ungeheurer Bedeutung für die Entwicklung einer finnischen Identität wurde, galt Karelien als die Wiege allen Finnentums. Das Kalevala und Karelien wurden der vorherrschenden Topos jeder kulturellen Beschäftigung, die sich, die westliche Vorherrschaft abschüttelnd, um ihren eigenen finnischen Weg, den Karelianismus, bemühte.

1917 wurde die Unabhängigkeit proklamiert und der Freistaat Finnland gegründet, dem selbstverständlich auch Karelien angehörte. Seine polyglotte Hauptstadt Wiborg, von der Weltoffenheit Sankt Petersburgs stark beeinflußt, war zu dieser Zeit nach Helsinki die wichtigste Stadt im Land. Als sich die Niederlage Finnlands im Zweiten Weltkrieg abzeichnete, Karelien verloren gegeben werden mußte, flohen fast eine halbe Million Menschen in das westliche Finnland. Der Stachel, dieses national so wichtige und kulturträchtige Gebiet mit der wegen ihrer Lebensfreude beliebten Hauptstadt Wiborg verloren zu haben, sitzt bei den Finnen auch heute noch tief.

Viel ist nicht mehr geblieben von dem, was Karelien einst ausmachte. Jenseits der Grenze siedeln überwiegend Russen, diesseits sind die Karelier in der einheimischen Bevölkerung integriert, auch wenn sie ihre Herkunft hochhalten. Der Anteil der Gläubigen orthodoxen Bekenntnisses – immerhin zweite Staatskirche – beträgt ungefähr ein Prozent. Die Provinz Nordkarelien versucht das karelische Erbe zu bewahren. Besonders in der Hauptstadt Joensuu werden Brauchtum und das Spiel mit dem Nationalinstrument Kantele, einer Art Zither, gepflegt. In der Nähe von Heinävesi wurde das einst auf einer Insel im Ladogasee gelegene Kloster Valamo neu gegründet, und in Ilomantsi kann man jedes Jahr im Juli Zeuge der farbenfrohen Praasniekka-Prozessionen der orthodoxen Kirche werden. Auch in der finnischen Küche hat sich Karelisches einen festen Platz erobert: Die Karelische Pirogge ist fast schon Grundnahrungsmittel.

Von anderem Charakter ist die Landschaft Ostbottnien, im Westen des Landes zwischen Vaasa und Oulu gelegen. Ist der östliche und südöstliche Landesteil hügelig und reich an Seen, ein Waldeinödgebiet, gibt es hier viel Ackerfläche, garniert mit Hunderten von kleinen grauen Holzschobern – ein Land der weiten Ebenen, der parallel zueinander

Links und rechts: Im Nordosten Lapplands, im Gebiet des Inarisees, wurden nach dem Zweiten Weltkrieg orthodoxe Skoltsamen angesiedelt, die aus dem an die Sowjetunion abgetretenen Gebiet um Petsamo am Eismeer in Karelien stammen. Hier eine Familie aus Nellim.

verlaufenden Flüsse und unzähliger Sümpfe. Ist der Menschenschlag im Süden und Osten eher extrovertiert und lebenslustig, gelten die Menschen im Westen als schwer zugänglich, eigenbrötlerisch und sektiererisch: Finnische Varianten des Protestantismus, Erweckungsbewegungen, waren und sind hier gut vertreten. Trinken und sich prügeln, das seien die Erbsünden der Ostbottnier, befand Zacharias Topelius, einer der bekanntesten finnischen Dichter des letzten Jahrhunderts. Volksmusiktraditionen werden in Ostbottnien am besten gehütet, was auf einem alljährlich in Kaustinen stattfindenden Festival unter Beweis gestellt wird. Nicht selten kommt es hier vor, daß bei zwei Nachbardörfern im einen alle schwedisch, im anderen alle finnisch sprechen.

Auf der Höhe Ostbottniens zieht sich im Osten die Region Kainuu an der russischen Grenze entlang. Kainuu, das heute zu den wirtschaftlich unterentwickeltsten Regionen gehört und seit dem Zweiten Weltkrieg einen großen Teil seiner Bevölkerung durch Abwanderung in die Städte des Südens verlor, war einst wie Karelien dem Sammler alten Liedguts eine unersetzliche Fundgrube. In der sehr dünn besiedelten Ödmark gibt es auch heute noch Tierarten, die hierzulande schon seit langem ausgestorben sind: Bären, Luchse, manchmal auch Wölfe, dazu noch wilde Rentiere.

Im Norden die Provinz Lappland. Finnisch-Lappland nimmt fast ein Drittel der Fläche der Bundesrepublik ein und übt nicht erst in unseren Tagen eine magische Anziehungskraft auf Mitteleuropäer aus. Seit Johannes Schefferus' Bericht «Lapponia» (1674) erschienen immer wieder Reiseberichte und Abhandlungen, die sich mit Lapplands exotischer Bevölkerung und seiner fremdartigen Naturreligion beschäftigten: Die Lappen – *Saamen* nennen sie sich selber – sind ein kleiner, von Mittelschweden bis zur Halbinsel Kola in Rußland siedelnder, heute aus etwa 50000 Menschen bestehender Volksstamm, dessen ethnische Zugehörigkeit nicht eindeutig geklärt ist. Ihre Sprache, die sich in mehrere, sehr differenzierte Einzeldialekte aufgliedert, ist dem Finnischen entfernt verwandt, ohne daß eine Verständigung möglich wäre.

Ein Teil der Samen lebt von der Rentierzucht. Eine Herde dieser widerstandsfähigen Hirschart (finnisch «poro»), die den Lebensunterhalt einer Familie sichern soll, muß allerdings aus mindestens zweihundert Tieren bestehen.

Zur Zeit Tacitus' siedelten die Lappen im Süden Finnlands, wovon heute viele Ortsnamen zeugen. Mit der Expansion der Finnen und Karelier wurden sie immer weiter in den kargen Norden abgedrängt, der sie zu einer Lebensumstellung zwang: Sie paßten sich in der Lebensweise dem Ren an, indem sie als Nomaden den Herden bei ihren jährlichen Wanderzügen hinterherzogen. Mit der industriellen Erschließung des Nordens um die Jahrhundertwende wurde der Raum, den diese traditionelle Lebensweise beanspruchte, sehr eng. Manch einer mußte sich in modernen Produktionsstätten verdingen, eine Anpassung an die skandinavische oder finnische Bevölkerung und ihre Lebensweise war die Folge. Waren die Lappen bis zu Beginn dieses Jahrhunderts trotz Christianisierung ein Volk, in dessen Denk- und Lebensweise der Schamanismus eine leitende Funktion ausübte, in dessen Gesellschaftswesen der Schamane als Wissender und Heilkundiger eine zentrale Rolle einnahm, so wurde dieser nun durch kurzlebige Götzen einer uniformen Industriegesellschaft ersetzt.

Anfang der siebziger Jahre setzte in Finnisch-Lappland eine Rückbesinnung auf die eigenen Traditionen und Werte ein, in deren Mittelpunkt gerade die Frage nach der Bewahrung der lappischen Identität gerückt wurde. Heute haben die finnischen Lappen in Inari ein eigenes Parlament, in Kautokeino (Norwegen) einen die Interessen der Lappen aller vier Länder vertretenden Saamenrat. Die politische Einflußnahme des Saamenparlaments ist jedoch sehr begrenzt, nicht zuletzt deshalb, weil die Lappen eine Minderheit – etwa zwei Prozent der Bevölkerung der Provinz – darstellen. Neben der Vermarktung traditioneller Handwerkskunst spielt auch der alte Einkommenszweig Rentierzucht eine wirtschaftliche Rolle, der heutzutage allerdings mit Auto, Motorschlitten und gegebenenfalls mit dem Flugzeug durchgeführt wird. Wie anfällig dieser Lebenserwerb in einer kaum Grenzen kennenden industrialisierten Welt geworden ist, hat 1986 der Reaktorunfall in Tschernobyl deutlich vor Augen geführt, als in Schwedisch-Lappland eine extrem hohe radioaktive Belastung des Rentierfleischs festgestellt wurde.

In Lappland leben heute etwa fünftausend Samen in den Regionen Utsjoki, Inari und Enontekiö. Je nach Region unterscheiden sich ihre Gebräuche, Sprache und Tracht. Ihr Naturglaube machte die Samen schon von altersher zu einem «exotischen» Volk. Viele alte Kulte leben auch heute noch in der Folklore der Samen. Hier eine Skoltsamin mit einer «Hexentrommel».

Oben und unten: Ein Skoltsame, zu erkennen an der markanten Form der Mütze, unterwegs im traditionellen Rentierschlitten und fortschrittlich im Motorschlitten.

In Lappland ist so manches anders: Jenseits des Polarkreises geht im Sommer die Sonne nicht unter, dafür im Winter nicht auf. Das Klima ist hier deutlich rauher, auch im Sommer sind Frosteinbrüche möglich. Im Gegensatz zum Süden ist Lappland bergig: Im Dreiländereck liegt nicht nur der Saana, der heilige Berg der Lappen, sondern auch Finnlands höchste Erhebung, der Halti (1328 Meter). Lappland ist wegen seiner unendlichen Ödwälder und riesigen Tundren, wegen seiner gewaltigen Fjälle und ungebändigten Wildgewässer ein Paradies für Kanuten und Wanderer, für die das Abweichen von gekennzeichneten Pfaden nicht ohne Gefahr ist. Auch wenn das Netz der Wildmarkhütten, die dem Wanderer zumeist unentgeltlich offenstehen, vortrefflich ist, ist Wandern in Lappland auch sommers keine Betätigung für Sonntagsspaziergänger in Anzug oder Sandalen. Klimatische Unbill, Stechmücken und Natur pur machen es nicht nur zu einer durchaus sportlichen Betätigung, sondern auch zu einer Art Selbsterfahrungstrip. Selbstverständliche Annehmlichkeiten, die im Süden das Leben bequem machen und es scheinbar lebenswert erscheinen lassen, wird man hier – zum Glück – nicht finden: Selbst das Notwendigste will erarbeitet sein. Deshalb bleibt dem Komforttouristen dieser Teil der Welt nicht verschlossen: Entlang der großen Straßen findet man alles, was das Urlauberherz begehrt. Will man dieses Land durchstreifen, sollte man wissen, daß die Natur hier von verletzlichem Charakter ist. So sind noch heute Radspuren aus dem Zweiten Weltkrieg zu sehen! Ein grandioses Naturschauspiel vollzieht sich im September: In der sogenannten Ruska-Zeit, der Zeit der Herbstlaubfärbung, entfaltet die Natur in einem letzten mächtigen Aufbäumen vor der sicheren Vergänglichkeit eine Farbenpracht, die von satten Gelb- bis zu tiefen Rottönen reicht: Ein Feuerwerk der Natur – Frost und sonnenlose Winternacht, die Kaamos-Zeit, kündigen sich an.

Die Hauptstadt Rovaniemi, am Polarkreis gelegen, ist heutzutage in jeder Hinsicht das Zentrum Finnisch-Lapplands und in ihrer jetzigen Gestalt ganz jung. Mit der Kapitulation vor der Sowjetunion mußte sich Finnland verpflichten, die bis dahin verbündeten und in Lappland operierenden deutschen Streitkräfte vom finnischen Territorium zu vertreiben. Als Rückzugstaktik wählte der «Waffenbruder» von einst die der verbrannten Erde. Als die Zivilbevölkerung, die nach Schweden emigriert war, zurückkehrte war Rovaniemi dem Erdboden gleichgemacht. Wie die Spuren äußerer Einwirkung in der empfindsamen Natur Lapplands lange sichtbar bleiben, so lebt auch heute noch (ohne Haß) die Erinnerung an diese Zeit. Rovaniemi wurde nach den Plänen Alvar Aaltos wiederaufgebaut und ist heute die pulsierende Metropole Lapplands.

Von Rovaniemi führen zwei Routen gen Norden: Die eine durch das Fjälland an der schwedischen Grenze entlang Richtung «Dreiländereck» bis nach Tromsø in Norwegen, die andere über Sodankylä zu Finnlands drittgrößtem See, dem Inari. Von hier aus geht es nach Norwegen und neuerdings auch nach Rußland in Richtung Murmansk, der Kapitale an der Barentssee, weiter.

Aus der Geschichte Finnlands

Woher kommen die Finnen? Oft hört man, sie seien mit den Mongolen verwandt. Ihre Sprache weist sie jedoch als Finnougrier aus, zu denen neben anderen die Karelier, die Esten und Lappen sowie die Ungarn gehören. Entfernte Verwandte sind die jenseits des Urals am Eismeer siedelnden Samojeden. Als Urheimat dieser Völker nimmt man heute die Gegend um Perm auf der europäischen Seite des Urals an. Die genaue ethnische Zugehörigkeit ist ebenso unklar wie weiterreichende Verwandtschaftsbeziehungen dieser finnougrischen Sprachfamilie zu Indogermanen, den altaischen Völkern (Türken, Mongolen) und zu den Eskimos. Dies ist zwar oft behauptet, aber nie mit gesicherten Erkenntnissen untermauert worden.

Relativ klar ist, daß die Finnen um die Zeitenwende vom Osten kommend in den Süden ihres heutigen Staatsgebiets einwanderten und die dort schon siedelnden Lappen nach Norden zurückdrängten. Die nächsten tausend Jahre verliefen auf der Schattenseite

SELBST JACOB GRIMM WAR ANGETAN

Die Schweden waren schon immer kluge Leute. Auch als Kolonialherren in anderen Ländern.
Wenn sie ein Land erobert und ein Volk besiegt hatten, dann bauten sie nicht nur Zwingburgen, sondern vor allem Lateinschulen und Universitäten. Die Schweden zogen die Intelligenten, die Gebildeten, die Bildungsbereiten, die Multiplikatoren der Gegenwart und Zukunft also, quer über den Tisch auf ihre Seite. Apartheid gab es hier schon gar nicht: Jedem Finnen stand der – gewiß sehr mühselige – Weg nach oben offen, sofern er die Amtssprache Schwedisch lernte und einen schwedischen Namen annahm.
Klingt gut? Ja, aber mit einem «Ja aber». Die Lernbereitesten, Mobilsten – und wohl auch die Gerissensten – lernten und arbeiteten sich hoch, die anderen jedoch blieben als Köhler, Fischer und Kleinbauern im Hinterland hocken. So konnte sich unter diesen Umständen in Finnland nicht einmal die Andeutung einer finnischen Mittelschicht entwickeln.
Die Gegenbewegung entfaltete sich in einer liberalen Schicht der finnlandschwedischen Intelligenzija, angefacht von Elias Lönnrot, einem Landarzt. Im Großfürstentum war nach dem Jahr 1809 eine Finnlandromantik entstanden: Das finnische Volk mußte doch Wurzeln haben, die nicht verdorrt sein konnten in den Jahrhunderten schwedischer Vormundschaft. Vage vermutete man sie im Osten, jenseits der Grenze, wo in großer Abgeschiedenheit von der Welt der finnische Stamm der Karelier wohnte.

Dorthin wollte Elias Lönnrot. Seine Aufgaben als Arzt gaben ihm die Möglichkeit. In Karelien fand er die *Laulajat*, Liedersänger, in deren Kreis über Jahrhunderte hinweg ein einzigartiges Liedgut aufbewahrt geblieben war. Offenbar war dieses Liedgut nur noch Fragment eines ursprünglich in sich geschlossenen Epos', was die Arbeit des «finnischen Homer» erschwerte, ihm aber auch große Entscheidungsfreiheit gab. Lönnrot mußte selbst entscheiden, welche Runen (so nannte er die Strophen) wohin paßten, und er mußte dort nachdichtend eingreifen, wo im Handlungsstrang Episoden fehlten. Heute neigen die Wissenschaftler zu der Ansicht, daß es diesen einheitlichen Handlungsstrang ursprünglich nicht gegeben hat. 1849 stellte die eigens für Lönnrots Arbeit gegründete Finnische Literaturgesellschaft ihre Kalevala-Arbeit vor: 50 Gesänge mit fast 22 800 Runen. *Kalevala* ist das Land der Finnen, Gegenpol zu *Pohjola*, dem Land im Norden. Drei Männer, als zentrale Gestalt *Väinämöinen*, freien um dieselbe Jungfrau und trachten darüber hinaus danach, die Wundermühle *Sampo* in ihren Besitz zu bringen. Eine Handlung also, die sich in ihren Motiven von der vieler anderer Nationalepen kaum unterscheidet.

Nein, der Unterschied liegt an ganz anderer Stelle. Der Germanist Professor Ahti Jäntti formulierte ihn 1993 folgendermaßen: «Wo die Helden im Nibelungenlied unverwundbar, unbeirrbar und unschlagbar sind, stellen sich die Helden im Kalevala als Menschen dar, die sich irren und Niederlagen hinnehmen müssen. Wenn im Nibelungenlied blutige Schlachten zwischen Helden und deren Feinden ausgetragen werden, geht es im Kalevala relativ harmlos zu: Bezwingen erfolgt durch besseres Wissen, das Inbegriff der Macht schlechthin ist; anstatt der Degen bedient man sich der Worte.»
Schon im Jahr 1852 erschien das Kalevala in deutscher Übersetzung. Auch in andere Sprachen wurde es übersetzt, und das kulturelle Europa war begeistert: Aus den eher bemitleideten finnischen Bauern war nun eine Kulturnation geworden, deren Kalevala jedem Vergleich mit den anderen großen Epen des abendländischen Kulturkreises bestehen konnte.
In einem Loblied auf das Kalevala schrieb Jacob Grimm 1865: «Ich will besonders hervorheben ein reges inniges naturgefühl, wie es fast nur in indischen gedichten angetroffen wird.» *Reinhold Dey*

«Die Sterne am Himmelszelt
kann ich nicht zählen,
nicht die Fische im Meer
noch die Blumen der Fluren.
So will ich singen,
wie's dem Menschen gegeben.»
(aus Väinämöinens Gesang von Eino Leino)

Das Aino-Tryptychon (1891) von Akseli Gallen-Kallela im Staatlichen Kunstmuseum in Helsinki stellt ein zentrales Kalevala-Motiv dar.

Finnlands Geschichte wurde von Schweden und Rußland stark geprägt: Die mittelalterliche Festung Olavinlinna (Olofsborg) in Südostfinnland, einst Bollwerk gegen Rußland, wurde nach dem Nordischen Krieg im Jahr 1743 den Russen zugesprochen (links oben). – Nach Jahrhunderten schwedischer Herrschaft fiel Finnland 1809 an Rußland. Zar Alexander I. (1777–1825) gelobte in Borgå (Porvoo) feierlich, Finnlands Rechte zu wahren (Mitte oben). – Zar Alexander II. (1818–1881), Großfürst von Finnland (links unten). – Kirchen auf den schwedisch geprägten Ålandinseln (Mitte unten). – Zarenvilla in Rauhalinna (rechts oben). – Kosake in Helsinki während des Ersten Weltkriegs (rechts unten).

Links: Von 1956 bis 1981 war Urho Kekkonen (1900 bis 1986) Finnlands Staatspräsident.

Rechts: Staatspräsident Martti Athisaari ist seit 1994 im Amt.

der Historie: Nichts genaues weiß man nicht ... Finnlands neuere Geschichte ist eine seiner Grenzen, von denen es heute drei hat: Die Grenze zu Norwegen, zu Schweden und Rußland. Die mit Norwegen ist historisch jung und wenig bedeutsam. Vor Finnlands Unabhängigkeit gab es nur eine, nämlich die zwischen dem schwedischen Reich und seinen russischen Nachbarn, die über Jahrhunderte hinweg umstritten war und Finnland bis in unser Jahrhundert zum Spielball westlicher und östlicher Interessen machte.

Es begann mit den Schweden, die im 12. und 13. Jahrhundert nicht nur das römisch-katholische Christentum über den Bottnischen Meerbusen brachten, sondern auch gleich, das politische Vakuum ausnutzend, die Region ihrem Staatsgebiet angliederten. Gleiches hatte wohl auch die russische Großmacht Nowgorod im Sinn, die ihrerseits als Vertreter der orthodoxen Kirche die im Osten am Ladogasee siedelnden Karelier zwangstaufen ließ. Der gegensätzliche Expansionsdrang und der Kampf der beiden Kirchen um die Seelen Finnlands führte zu kriegerischen Auseinandersetzungen, nach deren Beendigung Süd- und Südwestfinnland in den westlichen, Ostfinnland, das eigentliche Karelien also, in den östlichen Kulturkreis geriet. War Finnland anfänglich nur separates schwedisches Herzogtum, wurde es später gleichberechtigte Provinz mit Stimmrecht und im 16. Jahrhundert zum Großfürstentum aufgewertet – alles in allem eine recht friedliche Form von Kolonialisierung, deren subtile Domäne die Inbeschlagnahme des kirchlichen, geistigen und politischen Lebens darstellte.

Wichtigstes Mittel war natürlich die Sprache: Finnisch war bis ins letzte Jahrhundert hinein die Sprache der Bauern und Ungebildeten. Auch wenn unter dem Banner des Protestantismus die finnischsprachige Kultur einen Aufschwung erlebte, geriet sie jedoch im 17. Jahrhundert, als Schweden Großmacht im Ostseeraum wurde und sein Hegemoniestreben deutlich nach Osten ausrichtete, wieder ins Hintertreffen. Die Lebensformen wurden denen des Mutterlandes angepaßt, in der Administration wurden Reichsschweden eingesetzt, so daß sich schwedische Sprache und Kultur immer stärker durchsetzen

In Helsinki fanden 1975 die Sitzungen der KSZE (Konferenz über Sicherheit und Zusammenarbeit in Europa) statt (siehe auch Seite 28).

konnten. «Una religio, una lingua, una lex, iidem mores» war das politische Ideal des Absolutismus. Zwar erhielt Finnland 1640 in Turku, der damaligen Kapitale, eine Universität; aber deren Unterrichtssprachen waren Latein und Schwedisch. Das Finnische galt als ungeeignet für wissenschaftliche Abstraktionen. Daß die «Schwedisierung» wichtiger Bereiche so erfolgreich war, hat wohl verschiedene Gründe: Schweden war in jeder Hinsicht hoch entwickelt, Finnland rückständig. Eng hängt damit das Sprachproblem in Finnland zusammen: Abstrakte Begriffe fehlten im Finnischen, heute so scheinbar unkomplizierte Wörter wie «Literatur» mußten im 18. und 19. Jahrhundert erst aus vorhandenen Wortstämmen gebildet und eingebürgert werden. Zudem blieb der private Lebensbereich weitgehend unangetastet. Leibeigenschaft hat es in Finnland im Gegensatz zu vielen anderen europäischen Ländern nie gegeben.

Außerhalb ihres Territoriums hatten die Finnen zu dieser Zeit einen recht zweifelhaften Ruf: Zum Heer Gustav II. Adolfs, das während des Dreißigjährigen Kriegs auch in Mitteleuropa «wirkte», gehörte auch eine Gruppe finnischer Landsknechte, die sich nicht nur durch besondere Trinkfreudigkeit hervortaten, sondern auch im Umgang mit dem Feind wenig zimperlich waren. Der Etikette damaliger Kriegsführung setzten die finnischen Landsknechte ihren Schlachtruf «Hakkaa päälle» (Schlag drauf) entgegen, mit dem noch Gefangene konfrontiert wurden. Daraus leitet sich der Name «Hakkapelliten» für diese frühen Vertreter einer totalen Kriegsführung ab.

Das 18. Jahrhundert war durch ständige Auseinandersetzungen zwischen Schweden und Rußland um Finnland geprägt, infolge deren Schweden allmählich seine Großmachtstellung und damit auch ganz Südostfinnland verlor. Unter dem zunehmenden Druck auf die Provinz Finnland begann Schweden sich intensiver um sie zu kümmern: Heute noch sichtbares und oft besuchtes Überbleibsel aus dieser Periode ist die Helsinki vorgelagerte, auf einer Insel erbaute Festung Sveaborg/Suomenlinna, die «Burg Finnlands». Zu Beginn des 19. Jahrhunderts war es dann endgültig mit Schwedens Vormacht vorbei: Als Folge eines wieder verlorenen Krieges mußte Schweden 1809 die Provinz Finnland dem Zarenreich überlassen, das ihm den Status eines autonomen Großfürstentums verlieh. Der Wechsel von einem Landesherrn zum anderen stellt eine wichtige Zäsur in der finnischen Geschichte dar. Mit dem privilegierten Sonderstatus im Zarenreich gewann das sich nun allmählich regende Nationalbewußtsein immer mehr an Einfluß und Bedeutung: «Schweden sind wir nicht, Russen wollen wir nicht werden, laßt uns also Finnen sein», war die Losung, mit der nun auch die finnische Sprache gefördert und eine eigene Kultur geschaffen werden sollte. Den Anstoß dazu gab auch in Finnland der romantische Nationalismus, der nicht nur die Eigenart des Volkes betonte, sondern auch in der Sprache den größten Schatz der Nation sah, die auf mystische Weise seiner Sonderart Ausdruck verlieh. «Ein Volk, eine Sprache» war die Forderung, die sich ausschließlich gegen das Schwedische richtete, das im russischen Großfürstentum seine überragende Stellung bewahrt hatte. Bezeichnenderweise ging diese finnisch-nationale Bewegung von schwedischsprachigen Finnen, allen voran der Philosoph Johan Vilhelm Snellman, aus, da sich bis dahin nur das einfache Volk im Finnischen artikulierte. Viele von ihnen mußten das Finnische erst erlernen und versuchten dies im Umgang mit der bäuerlichen Bevölkerung, was sie zwangsläufig auch mit deren Kulturgut in Verbindung brachte.

Ungeheuren Auftrieb bekam die Bewegung durch das von Elias Lönnrot verfaßte Nationalepos, das dieser aus einer Unmenge bis dato nur mündlich überlieferten Liedguts zusammenstellte. Die Zweifel an der Kulturfähigkeit der finnischen Sprache und damit auch des Volkes waren ausgeräumt. Finnland hatte sich in den Kreis der Kulturnationen geschrieben. Wenig später trat der erste finnisch schreibende Dichter, Alexis Kivi, auf die nationale Kulturbühne, der mit seinen Dramen den Grundstein für das finnische Theater legte. 1863 wurde schließlich Finnisch als Amtssprache zugelassen.

Aber die finnisch-nationale Bewegung der Fennomanen hatte nicht nur Anhänger. Große Teile der schwedischsprachigen Oberschicht sahen durch sie Identität und Kultur gefährdet und parierten ihre Forderungen mit dem Argument, daß ohne die schwedische «Entwicklungshilfe» die Finnen noch immer auf der primitiven Stufe ihrer in Sibirien lebenden Stammesbrüder stünden. Dieser mit rassistischen Untertönen geführte Sprachenstreit währte bis in unser Jahrhundert, wurde aber schon früher durch den im letzten Jahrhundert in Rußland aufkommenden Panslawismus in den Hintergrund gedrängt. Dessen Vertretern war der finnische Sonderstatus, der mit der Einberufung des finnischen Landtags 1863 gekrönt wurde, schon lange ein Dorn im Auge gewesen: Der russische Einfluß in Finnland sei schwach – was er in der Tat war –, Finnland habe sich geistig schon dem als dekadent verachteten Westen angeschlossen. War der Einfluß der Panslawisten lange Zeit gering gewesen, konnte Finnland durch ein eigenes Münzwesen und ein eigenes Heer seinen Autonomiestatus noch festigen, so bekam es kurz vor der Jahrhundertwende in dem Panslawisten Bobrikow einen Generalgouverneur, der sich die Russifizierung der «Fremdstämmigen» aufs Banner geschrieben hatte. Russisch sollte nun Verwaltungssprache und wichtigstes Unterrichtsfach werden, der Sonderstatus im Münz- und Zollwesen sowie in der Legislative aufgelöst und das finnische Heer in das russische eingegliedert werden. Bezeichnend war, daß in diesen Jahren der Bedrängnis Kunst und nationale Politik eng miteinander verbunden waren. 1899 wurde auf einer vaterländischen Kundgebung Sibelius' symphonische Dichtung «Finlandia» erstmalig aufgeführt. Dichtung, Musik und Malerei zogen Stoff aus dem Kalevala, dem alten, eigenen Kulturerbe, auf dessen Grundlage die nationale Kunst eine Blütezeit erlebte und damit das nationale Bewußtsein eine eminente Stärkung erfuhr. Als sich die Situation zuspitzte, wurde der verhaßte Generalgouverneur Bobrikow am 16. Juni 1904 erschossen. Der Zar verzichtete auf größere Vergeltungsmaßnahmen, aber die Atempause war kurz und durch Rußlands Krieg mit Japan bedingt. Der zweite Versuch, «Finis Finlandiae» endlich Wirklichkeit werden zu lassen, folgte wenig später. Der Ausbruch des Ersten Weltkriegs verhinderte Schlimmeres, und die Revolution in Rußland gab Finnland 1917 schließlich die Möglichkeit, sich des russischen Jochs zu entledigen und sich für unabhängig zu erklären.

Fortsetzung Seite 57

Im Südwesten der finnischen Küste, zwischen Turku und den Ålandinseln, ist Finnlands Schärengürtel am markantesten ausgebildet. Die von Gletschern rundgeschliffenen Felsen, die im Landesinnern bewachsen und bewaldet sind, in Küstennähe aber kahl sind, bestimmen hier das Landschaftsbild.

Nächste Doppelseite: Bootshütten auf der Insel Korpoo bei der Stadt Turku im Südwesten Finnlands.

Oben und unten: Porvoo (Borgå), Finnlands zweitälteste Stadt, war einst das Zentrum der schwedischsprachigen «Finnländer».

Oben und unten: Die Holzarchitektur aus dem späten 18. Jahrhundert hat sich in der Altstadt von Porvoo (Borgå) sehr gut erhalten.

Nächste Doppelseite: Der Segelhafen von Naantali (Nådendal) an der Südwestspitze Finnlands. Rechts die mittelalterliche Klosterkirche des Birgittenordens.

Vom Eis festgehaltener Fischkutter bei Parainen (Pargas) im Schärengebiet von Turku (Åbo).

Dem neuen Staat war allerdings eine schwere Geburt beschieden: Ein Bürgerkrieg zwischen Roten und Weißen, den Bürgerlichen, brach aus, den die Weißen unter Marschall Mannerheim und mit Hilfe deutscher Streitkräfte für sich entschieden. Die zum Teil recht grausam geführte innerfinnische Auseinandersetzung zog für viele Jahre tiefe Gräben in die finnische Gesellschaft, da sie doch stark sozial motiviert war. Die Konsolidierung des Staates, an der dann später auch Sozialdemokraten mitwirkten, konnte diese in den folgenden Jahren allmählich zuschütten.

Die Grenze zu Rußland wurde 1920 im «Frieden zu Dorpat» festgelegt, Karelien mit seiner wichtigen Stadt Wiborg blieb bei Finnland. Neue Konflikte um die Grenze waren vorprogrammiert, lag sie doch nur gut dreißig Kilometer von dem damaligen Leningrad entfernt. Da Finnland später auf sowjetische Forderungen nach Gebietsabtretungen nicht einging, begann die Sowjetunion Ende 1939 den «Winterkrieg», der nach etwas mehr als drei Monaten mit einem Friedensvertrag und den geforderten Gebietsabtretungen seitens Finnlands endete. Das so wichtige Karelien gab Finnland nicht verloren: Ein gutes Jahr später trat Finnland an der Seite Deutschlands in den sogenannten Fortsetzungskrieg gegen die Sowjetunion, der die Zurückeroberung Kareliens einbrachte, es aber nur in einem drei Jahre dauernden Stellungskrieg halten konnte. Nach einer russischen Großoffensive wurde 1944 ein Friedensvertrag geschlossen, der Finnland nicht nur die Abtretung Kareliens, sondern auch die Zahlung von Reparationen auferlegte.

Das Schaffen eines gutnachbarlichen Verhältnisses zur Sowjetunion war seitdem ein herausragendes Element finnischer Neutralitätspolitik, das in Finnland nach den beiden ersten Nachkriegspräsidenten die Paasikivi-Kekkonen-Linie heißt, im Ausland gelegentlich polemisch «Finnlandisierung» genannt wurde. Daß Finnland als europäischer Randstaat, der als einziges Land westlicher Prägung eine so lange Grenze – es sind ganze 1269 Kilometer – mit Rußland besitzt, auf das Sicherheitsbedürfnis dieser Großmacht Rücksicht nehmen muß, ist in Finnland unumstritten. Eine Unterordnung bedeutet das keineswegs, hat doch die finnische Diplomatie, die in Jahrzehnten Feingefühl und Gespür im Umgang mit dem Nachbarn entwickeln konnte, es stets verstanden, den politischen Interessen Finnlands Geltung zu verschaffen. Eng verbunden mit dieser Politik ist der Name Urho Kekkonens, der ein Vierteljahrhundert (bis 1981) Staatspräsident war.

Das Verhältnis zum ehemaligen großen Bruder jenseits des Bottnischen Meerbusens ist ein offiziell freundschaftliches, wenn auch ansonsten nicht ganz unverkrampftes. Schwedens stetige wirtschaftliche Vormachtstellung in Skandinavien, die Emigration von mehr als dreihunderttausend Finnen nach Schweden während einer wirtschaftlichen Talfahrt in den siebziger Jahren, die angebliche Arroganz der Schweden besonders den Finnen gegenüber – dies sind alles Faktoren, die im kleinen oft einen gewissen Argwohn begründen und im großen einem Leichtathletik-Länderkampf zwischen beiden Staaten einen eigenen Reiz verleihen.

Finnland privat

Der Blick hinter die Kulissen wird gewöhnlich durch eine hohe Mauer verwehrt: die finnische Sprache. Sie gilt als schwer, wofür als Beweis zumeist die fünfzehn Fälle angeführt werden. Diese sind jedoch die eher leichteren Kapitel der finnischen Sprache. Kopfzerbrechen bereitet dem Besucher viel mehr der fremde Wortschatz, der sich auch mit noch so exzellenten Kenntnissen der Schulsprachen kaum entschlüsseln läßt, und dessen exotische Lautgestalt. Beim Einkauf auf sich gestellt, wird man damit seine liebe Not haben. Trotzdem keine Angst: Finnland ist ja zweisprachig, und die schwedischen Bezeichnungen sind meistens so weit entschlüsselbar, daß man nicht Waschpulver bekommt, wenn man eigentlich Milch kaufen wollte. Obwohl man sich auf internationalem Parkett oft und gern hinter dieser Mauer versteckt, so ist sie doch den Finnen auch eine Last, die manchen regeren Gedankenaustausch behindert. Entsprechend viel Wert wird auf Fremdsprachenkenntnisse gelegt, die meistens sehr gut sind. Nur: In Finnland

Beliebtester Volkssport in Finnland für jung und alt ist und bleibt wohl das Skilanglaufen. Die Abbildung zeigt Kinder aus Helsinki bei einem Wettbewerb in den zwanziger Jahren.

ist man von Natur aus nicht unbedingt sehr redselig, geschweige denn geschwätzig – eine Eigenschaft, die sich noch verstärkt, wenn man das sichere Terrain der Muttersprache verlassen muß. Hartnäckigkeit des ausländischen Gastes hilft auch nicht immer weiter und kann schon mal als unhöflich empfunden werden. Alkohol löst jedoch auch in Finnland die Zunge, bei Fremden manchmal mehr, als ihnen lieb sein kann. Aber das häufig gestörte Verhältnis zum Alkohol – «besser einmal genug als immer zuwenig» ist das Motto – ist ein Phänomen, das überall in Skandinavien das Straßenbild kennzeichnet. Alkohol in jeder Konzentration ist unerhört teuer, sein Genuß auf den heimischen oder noch teureren konzessierten Tresen beschränkt – ein seltenes Vergnügen, das Genußkultur nicht unbedingt aufkommen läßt. Die Gastronomie hat zur Wahrung der Ordnung eine Institution, den *portsari*, erfunden: Einen omnipräsenten und allmächtigen Türsteher, der über Vergnügen oder Freudlosigkeit entscheidet und der die Ehre, geladen worden zu sein, beim Verlassen des Freudentempels auch entsprechend vergütet haben will. Dieser Portier hat auch die Funktion, sich mächtigem Andrang entgegenzuwerfen: Längere Schlangen vor seinen Toren deuten an, daß innen alle Sitzplätze belegt sind, und stehen darf man nur in den Bierschwemmen, von deren Besuch aber abgeraten werden kann.

Ein Ort der Entspannung und damit auch der Möglichkeit, mit nur geringen Sprachkenntnissen ins Gespräch zu kommen, ist die Sauna. Wird man in die Sauna eingeladen, sollte man das als Ehre verstehen. Keine Angst, wenn man keine einschlägigen Erfahrungen besitzt: Höfliche Gastgeber werden einen sicher durch das Vergnügen führen. Ist hingegen ein zufällig anwesender Verwandter des Hausherrn aus der Provinz Saunakumpan, so kann einem schon mal eine echt finnische Saunalektion erteilt werden, die in maßlosem Hochheizen und ununterbrochenem Aufgießen besteht. Das Verlassen einer solchen Brutstätte gereicht einem nicht zur Schande, und so manchem, der damit finnisches *Sisu* – Zähigkeit, Durchhaltevermögen – unter Beweis stellen wollte, sollen, wie man erzählt, dabei sogar die Haare geschmolzen sein.

Links: Auch das Skispringen hat in Finnland eine lange Tradition.

Rechts: Am 20. Juli 1952 entzündete Finnlands legendärer Langstreckenläufer Paavo Nurmi die olympische Flamme im Stadion von Helsinki.

Trotz dieser Zurückgezogenheit oder Schüchternheit, die als finnischer Wesenszug angesehen wird, ist man durchaus gastfreundlich. Die oft behauptete Deutschfreundlichkeit allerdings war wohl schon immer zu einem guten Teil deutsche Selbstbeweihräucherung. Jedenfalls ist man heute, wie überall, vor allem angelsächsisch orientiert. Amerikanische Konsumkultur hat auch in Finnland Einzug gehalten, McDonald's und Dallas sind keine Fremdwörter, und selbst lokale Rundfunkstationen finden es schick, die News aus der Szene lieber gleich auf englisch zu servieren. Der Rückgang traditioneller Kultur- und Lebensformen wird auch hier beklagt, was aber wohl nur aus hauptstädtischer Sicht verständlich ist: Helsinki war und ist nun mal ein Schmelztiegel.

Die Angst vor Überfremdung erscheint dem Außenstehenden unbegründet, zumal politischerseits stark dagegengesteuert wird – der Ausländeranteil beträgt nicht mal ein Prozent. Finnland hat aber genug eigene Minoritäten. Die größte Minorität bilden die Finnlandschweden, die etwa sechs Prozent der Bevölkerung ausmachen und überwiegend entlang der Küsten zu Hause sind. Stellten sie früher die privilegierte Oberschicht, so hat sich dies bis heute nivelliert, auch wenn im kulturellen Bereich der finnlandschwedische Einfluß recht stark ist. Es gibt schwedische Theater in Helsinki und Vaasa, schwedischsprachige Zeitungen, Programme in Rundfunk und Fernsehen und nicht zuletzt eine eigene Partei, die immerhin an der Regierung beteiligt ist.

Kurios ist, daß es finnische Staatsangehörige gibt, die kein Wort Finnisch verstehen, geschweige denn sprechen können – gut zwei Dutzend Gemeinden sind rein schwedischsprachig. Die Lappen, etwas mehr als ein halbes Promille der Bevölkerung, leben ausschließlich in Lappland und stehen damit sprichwörtlich im Abseits. Im Süden des Landes sind sie zwar nicht vergessen aber überwiegend als Exoten behandelt. Wenig integriert in die finnische Gesellschaft sind, wie andernorts auch, die Zigeuner, die im üblichen westlichen Einheitslook durch ihre auffällige traditionelle Bekleidung herausstechen. Alles in allem ist die finnische Gesellschaft jedoch eine sehr homogene, in der

Die stille und melancholische Stimmung, die in der finnischen Landschaft liegt, und die Schwermut, die den Finnen als eigen gilt, prägen die Malerei von Eero Järnefelt («Herbst am Pielisjärvi» von 1899, rechts oben) und Albert Edelfelt («Leichenfahrt eines Kindes» von 1879, Mitte unten, und «Frauen vor der Kirche von Ruokolahti» von 1887, links oben). In seinen Landschaftsbildern stellte Eero Järnefelt (1863–1937) Finnland als ein geheimnisvolles Land mit einer mächtigen Natur von unbegrenzter Weite und Einsamkeit dar. Albert Edelfelt (1853–1905) versuchte in seinen stimmungsvollen Szenen aus dem Alltagsleben der Menschen, das Charakteristische der finnischen Mentalität einzufangen. – Akseli Gallen-Kallela (1865–1913), der sich vor allem mit der Illustration des Nationalepos «Kalevala» (siehe Seite 43) beschäftigte, setzte zu Beginn dieses Jahrhunderts Akzente für eine eigenständige finnische Tradition in der Malerei (Ausschnitt aus dem Gemälde «Hirtenjunge von Paanajärvi» von 1892, links unten, und «See in der Wildnis» von 1892, rechts unten).

A.EDELFELT
1879

AXEL GALLÉN
1892

Denkmal für den finnischen Komponisten Jean Sibelius (1865–1957) im Sibeliuspark in Helsinki. Die abstrakte Stahlplastik, die die Bildhauerin Eila Hiltunen in den sechziger Jahren schuf, erregte damals auch außerhalb Helsinkis viel Aufsehen.

das Demonstrieren nationalen Selbstbewußtseins keineswegs als politisch rückständig gilt. Überspitzt heißt das: Als Finne geboren zu werden, ist wie ein Sechser im Lotto.

Die Gastfreundschaft, angenehm form- und zwanglos, enthält also auch ein Quentchen Stolz. Mit Recht: War Finnland noch vor hundert Jahren eines der Armenhäuser Europas, so steht es heute ganz oben in der Gruppe der Industrienationen, mit aufsteigender Tendenz. Eine ordentliche Leistung, wenn man bedenkt, daß Finnland ja auch unter den Folgen des Zweiten Weltkriegs stark gelitten hat. In manchen Bereichen ist man sogar weit voraus. Auffällig ist beispielsweise die starke Stellung der Frauen in der Gesellschaft, die nicht nur in der Politik und im Erwerbsleben ihren Mann stehen, sondern inzwischen auch an den Hochschulen schon die Mehrheit bilden. Diese relative Gleichberechtigung ist keine junge Modeerscheinung. Schon die finnische Sprache macht keinen Unterschied zwischen den Geschlechtern: *hän* ist «er» wie «sie». Früher mußte das Auskommen in einer Region mit karger Vegetation und manchmal rauhem Klima von jeder Person des Haushalts mitgetragen werden – ein Umstand, der bei der Einführung des Wahlrechts selbstverständlich zum Tragen kam: Die Finninnen waren als erste Frauen in Europa wahlberechtigt. Soziale Gegensätze sind gering in der finnischen Gesellschaft, echte soziale Konflikte eher selten.

Sehr geübt ist eine Tugend: Ehrlichkeit. In nicht vielen Ländern Europas läßt sich in dieser Hinsicht so sorgenfrei reisen und Urlaub machen wie gerade in Finnland. Schwarze Schafe gibt es sicherlich auch hier, aber wo kennt man die nicht?

Ein bedeutender Faktor im finnischen Alltagsleben ist die Zeit. Man nimmt sie sich, auch in der hektischen Hauptstadt. Diese Einstellung darf nicht mit südlichem Schlendrian verwechselt werden: Hektik und Streß können ja durchaus produktive Verhalten stören. Pragmatisch ist man in Finnland sowieso: Busse, die wichtigsten Verkehrsmittel, halten nur auf Zuwinken, auf dem Land befinden sich die Briefkästen am Straßenrand, den man täglich ja sowieso entlangläuft, und das Küchenhandtuch spart man sich, indem

Finnisches Design ist ein fester Begriff. Der Einfluß Finnlands macht sich bei der Formgebung von Gebrauchsgegenständen, Möbeln, Glas, Porzellan und Textilien überall in Europa bemerkbar. Von großer Bedeutung waren die Arbeiten des Architekten und Designers Alvar Aalto (1898–1975), der modernen Funktionalismus mit traditionellen Techniken verband und bevorzugt einheimische Materialien verwendete.

Links oben: Handgewebter Teppich als textile Wandgestaltung.

Rechts oben: Finnische Gläser.

Rechts Mitte: Sessel im «Aalto-Design».

Unten: Blick in die «Villa Mairea» bei Pori (Björneborg), die Alvar Aalto in den dreißiger Jahren entwarf.

man das nasse Geschirr in einem nach unten offenen, über dem Spülbecken hängenden Schrank – zum selbständigen Trocknen – deponiert. Warum denn auch nicht?

Ist die Umwelt rein und unverdorben, wird der Mensch dieser nicht nachstehen wollen: Sport wird in Finnland groß geschrieben, Vereinsmeierei dabei klein. Individualismus ist, wie auch in anderen Lebensbereichen, in Finnland gerade im Sport eine Tugend, die so herausragende Athleten wie die beiden mehrmaligen Olympiasieger Paovo Nurmi und Lasse Virén hervorgebracht hat. Was wunder, wenn der erste Mann im Staat mit gutem Beispiel vorangeht: Während Urho Kekkonen ein begnadeter Hochspringer war, der auch im hohen Alter noch dem Langlauf und dem Angelsport frönte, und sein Nachfolger Mauno Koivisto als passionierter Volleyballspieler galt, der sein Talent in dieser Disziplin auch vor den Medien des Landes nachwies, so versucht auch der jetzige Präsident Martti Ahtisaari, ungeachtet seiner nicht gerade athletischen Statur, sportliche Anlagen unter Beweis zu stellen. Körperliche Fitneß gehört hier zum Leben, ist doch auch die Sauna ein Teil davon. Dem sportfreudigen Besucher kann das nur recht sein, sommers wie winters findet er hier ein weites Betätigungsfeld vor, das – und das ist das Schöne – nie übervölkert ist und dazu ideale Voraussetzungen bietet. Aber auch der Geist will nicht zu kurz kommen: Mens sana in corpore sano.

Wenn man bedenkt, welche immense nationale Bedeutung Kulturgut gerade in der jüngsten Geschichte Finnlands besaß, wie wichtig das Nationalepos Kalevala und die auf ihrem Gebiet bekanntesten Künstler – der Komponist Jean Sibelius, der Maler Akseli Gallen-Kallela und der Dichter Eino Leino – für das Finden einer nationalen Identität waren, nimmt es nicht wunder, welchen hohen Stellenwert Kultur und Wissenschaft im heutigen Finnland einnehmen. Wo andernorts am liebsten geknausert wird, ist man hier erstaunlich großzügig, wobei man nicht nur auf nationale Kulturträger setzt: Die Opernfestspiele in Savonlinna, das Kammermusikfestival in Kuhmo, das Volksmusikfestival in Kaustinen, der Theatersommer in Tampere, die Festwochen in Helsinki und das Jazzfestival in Pori – um nur einige Veranstaltungen zu nennen – legen Zeugnis ab, wie gut sich finnische Künstler und Artisten international behaupten.

Aber auch die gegenständliche Kunst hat ein sehr hohes Niveau. Finnisches Design, gerade für Glas, Porzellan und Keramik, ist weltberühmt, Handarbeiten mit den verschiedensten Materialien nicht nur, wie in so vielen Touristenländern, auf Fabrikramsch und wertlosen Plunder beschränkt. Handwerkliche Betätigung ist hier nicht ein Zeitvertreib alter Jungfern, sondern vor allem auf dem Land wieder neubelebte Tradition. Die Winter sind ja lang und vor allem dunkel, die moderne Unterhaltungsindustrie ist eigentlich nur in den Großstädten in bescheidenem Maß präsent. Frei von mitteleuropäischer Etikette ist auch ein anderer sehr finnischer Zeitvertreib: Tanzen. Es ist schon ein Erlebnis, irgendwo in der finnischen Provinz in einer lauen Sommernacht einen oft mitten in der Natur gelegenen Tanzboden zu besuchen und den Taumel des dabei überschäumenden Temperaments zu verfolgen. Finnland kann auch hier mit zwei Kuriosa aufwarten: Die in jedem Tanzlokal feste Einrichtung des «Damentanzes» (Damenwahl) und die etwas seltener gewordene Gewohnheit, direkt nach der Arbeit zur Entspannung mal schnell ein Tänzchen zu wagen. Finnland ist eben etwas eigen.

Wer nach Finnland fährt, braucht nicht wertvollen Stauraum mit einem Sack Kartoffeln, unzähligen Raviolidosen und Wasserfiltern zu füllen: Reisekrankheiten, bei Touren in südliche Länder keine Seltenheit, holt man sich hier mit Sicherheit nicht. Die finnische Küche hat zudem durchaus ihren eigenen Charakter, ist sicherlich fleischärmer als die deutsche Küche und vielleicht etwas mäßig gewürzt. Üblich ist, zu warmen Mahlzeiten ein Butterbrot zu essen – wohl ein Relikt aus vergangenen Tagen, als der Mittagstisch noch nicht so reichlich gedeckt war.

Finnland ist zum Glück kein Land des Massentourismus, aber auch nicht unbedingt eins, das aus dem Individualtourismus eine Ideologie macht. Platz ist genug da. Der schnellebige Konsumtourist wird hier nicht seinen Ibiza-Ersatz finden. Finnland will schon zu einem guten Teil erobert sein. Man sollte es so nehmen, wie es ist: Suomi.

Abendstimmung am Saimaasee in Südwestfinnland.

Nächste Doppelseite: Bauernhaus am Ufer des Oulusees bei Kajaani in Lappland.

In den Wäldern bei Pori (Björneborg) an der Westküste Finnlands.

Ackerbau auf kargem Boden. Hier bei Jyväskylä in Mittelfinnland.

Einer der typischen Birkenwälder in Mittelfinnland.

Allein von den Erträgen, die die Landwirtschaft liefert, kann ein finnischer Landwirt nicht leben. Die Holzwirtschaft ist daher ein wichtiger Nebenerwerb.

Nächste Doppelseite: Dramatische Lichtstimmung über der Seenlandschaft bei Kuopio in Mittelfinnland.

Angler kehren vom Fischfang auf dem Oulusee zurück.

Berichte aus dem Hohen Norden:

Von der vielbesungenen Natur, von Rentieren und Menschen …

Die vielbesungene Natur

Sie ist wert, daß man sie liebt, diese vielbesungene Natur Finnlands. Betrachte sie in einer Morgenstunde vom berühmten Kangasalarücken aus, wenn der Nebel seinen weißen Schleier forthebt und all diese Seen zwischen hellgrünen Wiesen und dunklen Waldstreifen vor dir enthüllt, oder betrachte sie noch lieber von dem wunderbaren, eine halbe Meile langen Pungaharjurücken, auf dessen Höhe sich die Landstraße entlangzieht, auf beiden Seiten oft nicht mehr als eine Steinwurfweite von den dunklen Wogen entfernt, in denen majestätische Kiefern und zierliche Birken ihre Kronen spiegeln! Zwischen diesen Bäumen öffnen sich fast bei jedem Schritt neue wechselnde Ausblicke auf eine reiche, stimmungsvolle, bald feierlich ernste, bald spielend lebendige Natur, und so erhält man im beschränkten Raum einer halben Meile annähernd eine Probekarte über die Naturschönheiten ganz Finnlands. Oder sich dieses Land vom hohen Pohjo-Hügel bei Kuopio am Abend, wenn die Sonne mit ihrer letzten Glut dunkle wasserschwere Wolken durchbricht und mit majestätischem Schein ihr Gold auf die fernen Berge und auf Kallavesis Wasserspiegel wirft, zwischen diesen Hunderten von tannenbewachsenen Inselchen hindurch, die dunkelgrünen, launisch über die Wogen gestreuten Kränzen gleichen! Oder sieh diese Natur, wo Du auch willst, unter einem lichten Mittsommernachtshimmel: überall Seen, Wiesen, Täler und waldbestandene Höhen in immer wechselnder Schönheit und in immer neuen Farbentönen. Zuweilen kannst du den eigentümlich braunroten Schein der eben untergegangenen Sonne sich im Westen mit wunderbarer Farbenpracht in den Seen spiegeln sehen, und sehen, wie vom Lager der Sonne eine Krone ausstrahlender matter Lichtradien aufsteigt, die wie Nordscheinflammen spielen; auf dem Wasserspiegel liegen azur- und dunkelblaue klare Streifen, hier und da den vom Himmel reflektierten braunroten Schimmer unterbrechend; Landzungen und Inseln mit ihrer dunklen, grünschwarzen Farbe kontrastieren prächtig gegen Himmel und Wasser; die Luft ist still und mild; die Drosseln senden dem fliehenden Tage ihren Abschiedsgruß nach. Du wirst unwiderstehlich von Stimmung ergriffen. Die Nacht weicht, und der Schein erblaßt mehr und mehr, aber der Gürtel im Nordwest färbt sich rot, um bald in den lebendigen Rosenschimmer des Morgens überzugehen.

Gustaf Retzius, 1875

Finnische Volkstracht

Beachtet man die Schilderung, die Tacitus von der Volkstracht der Finnen gibt, so wären dieselben einhergegangen ungefähr wie Robinson Crusoe, das heißt in lauter Tierhäuten. Allein außerdem, daß es scheint, als habe der berühmte Römer die Lappen und nicht die Finnen beschrieben, so bezeugen mehrere der alten Runen aufs bestimmteste, daß die Finnen in wollenem Zeuge, «wie der Wald im Reiffrost» gekleidet gewesen sind. Noch heutzutage ist die Nationaltracht der Männer in einigen Gegenden von Karelien und in Altfinnland der weiße lange Frießrock, die kurze Kniehose und die alte, eng anliegende *pitnilkan*, auch *patalakki*, das heißt Topfmütze genannte, aus sechs verschiedenfarbigen Keilstücken zusammengesetzte Kopfbedeckung; aber wie letztere immer mehr ersetzt wird von anderen Mützen und von Hüten, so ist der weiße Frießrock fast vor Alter ergraut, und auch die blaue Farbe ist sehr beliebt geworden. Weste und Jacke werden in

Leben auf dem Land zu Beginn dieses Jahrhunderts: Eine Bauersfrau beim Melken der Kühe (links oben). – Bäuerinnen bereiten den Teig und die Füllung für das Backen von Piroggen, einer Spezialität aus Karelien, vor (links unten). – Zum Alltag jeder Bauernfamilie gehörte das Sammeln von Früchten, Beeren und Pilzen und das Fangen von Krebsen, die es damals in Finnland noch reichlich gab, wie diese Fotografie von 1899 aus Mittelfinnland zeigt (Mitte oben). Die schmackhaften, mittlerweile raren Schalentiere werden noch immer in Finnland alljährlich zum traditionellen Krebsfest, dem «Rapukesti», zubereitet (siehe Seite 140).

Zu den traditionellen Hausarbeiten der Bauersfrauen und Mädchen gehörte das Spinnen und Weben (Foto um 1930). Auch heute wird die Wolle in Finnland auf dem Land meistens noch selbst verarbeitet (Mitte unten links) . – Eine typische Bauernhochzeit in Nordostfinnland um die Jahrhundertwende. Die Braut trägt den traditionellen Brautschmuck (Mitte unten rechts). – Lachsfischer mit einem großen Fang (rechts oben; Foto um 1910) und ein Angler am Eisloch an einem See in Lappland (rechts unten, Foto von 1935). Im Winter ist das Angeln an Eislöchern (pilkki) in Finnland ein verbreiteter Volkssport.

Szenen aus dem Leben in der finnischen Hauptstadt Helsinki zu Beginn dieses Jahrhunderts: Die Errungenschaften der Technik hielten in der Metropole Einzug. Spazierfahrt mit dem Automobil (links oben). – Spielende Kinder in einer der zahlreichen Parkanlagen in Helsinki (links Mitte). – Hochzeitsfeier bei einer Bürgerfamilie in der Stadt (links unten). – Sonntägliches Kaffeekränzchen einer Bürgerfamilie (Mitte oben; Foto von 1928). – Prozession russisch-orthodoxer Priester in der Nähe der Uspenski-Kathedrale, der orthodoxen Hauptkirche in Helsinki, zur Zeit des Ersten Weltkriegs. Der russisch-orthodoxe Glaube verbreitete sich, nachdem Finnland 1809 Rußland zufiel (Mitte unten rechts). – Familienausflug (rechts oben). – Kinder in einem Vorgarten (rechts Mitte).

Links: Der Runde Turm am Marktplatz von Wiborg. Die Hauptstadt Kareliens gehörte bis zum Zweiten Weltkrieg zu Finnland (Foto um 1920).

Mitte: Der Marktplatz von Helsinki auf einer Fotografie von 1919 (siehe auch die Seiten 24, 114 und 115).

allen Farben getragen, für die Weste ist rot sehr beliebt, wie denn überhaupt die Finnen, gleich den anderen Völkern des Hohen Nordens, eine Vorliebe für rot und roten Besatz an ihren Trachten haben. Die Kniehose hat in den letzten Dezennien eine bedenkliche Neigung zum Langwerden gezeigt; der frühere bunte Gürtel hat gleichfalls in den meisten Gegenden einem einfachen ledernen Gürtel mit messingenen Schnallen und daran hängenden ein oder zwei Messern in Scheiden Platz gemacht. Ganz national sind die drei Dinge *puukko*, das Schnitzmesser, *pieksorna*, die weichsten und bequemsten Fußbedeckungen, die es gibt, sowie *mekko*, die leinene Bluse, die zwar weiß zu sein beansprucht, es aber höchst selten in Wirklichkeit ist. Der Schafspelz schützt zur Winterzeit sowohl Mann wie Frau. Über die Mütze des Finnen müssen wir noch nachtragen, daß er dieselbe bei guter Laune stets auf dem Kopfe trägt; dieselbe schief oder, wie man sagt, auf einem Ohr, so ist dies ein unfehlbares Zeichen, nicht daß der Träger, wie es in Deutschland der Fall ist, lustig und guter Dinge ist, oder gar einen kleinen Spitz hat, sondern daß er in ausgezeichnet schlechter Laune ist. Abgesehen von der Tracht der Städter und ihrer Nachahmer auf dem platten Lande ist das Äußere der Finnen ziemlich einfach und ernst. Anders verhält es sich mit den finnischen Frauen.

Kalevala bietet in großer Zahl Beschreibungen in der Pracht finnischer Schönheiten. Die Schwester des Joukahainen hatte vier Kleidertruhen, und in der besten derselben lagen sechs goldene Gürtel und sieben blaue Röcke, sie trug silberne Schmucksachen im Haar, blaue Bänder und goldene Spangen an der Stirne. Perlen um den Hals, am Busen ein silbernes Kreuz und goldene Ringe an den Fingern. Die Braut des Ilmarinen trug außerdem noch goldene Ohrgehänge. Das Lied geizt nicht mit Schätzen, wie man sieht, und es muß bemerkt werden, daß der Karelier, der es gedichtet, eine größere Schwäche für das Strahlende hat als seine anderen Landsleute, aber auch, daß er mehr Geschmack hat als diese. Das Bunte und Glänzende sticht der Finnländerin in die Augen, und auf dem platten Lande namentlich wird diejenige, die Gold und Perlen nicht haben kann, es gewiß

Rechts: Blick auf die prächtige Jugendstilfassade des Lundquist-Hauses an der Aleksanterinkatu 13 in Helsinki (Foto von 1924).

nicht an Messing und Glas fehlen lassen. In der Regel flicht die Finnländerin ihr Haar und heftet es mit bunten Bändern auf; die jungen Mädchen tragen einfach ein schwarzes oder rotes Band um das blonde Haar, welches entweder kurz geschoren ist oder frei über den Nacken herabwallt. An einigen Orten wird nach der Konfirmation das Haar in einer wenig kleidsamen Art aufgesteckt, aber im allgemeinen behalten die Mädchen das Bändchen um die freien Locken und zeigen sich stets unbedeckten Hauptes. Die verheirateten Frauen tragen dagegen stets den Kopf bedeckt.

Hauben von Seidenzeug waren ehedem sehr allgemein, bei feierlichen Gelegenheiten wird jetzt ein seidenes Tüchelchen, oft von schreienden Farben, kokett um den Kopf gewunden. Eine kurze Jacke von Kamelott oder Kattun oder auch besserem Stoff, unter derselben ein eng anschließendes Mieder, sowie ein wollener Rock mit roten, blauen oder grünen Rändern vollendet das Kostüm, welches in einigen Gegenden ebenso anmutig ist als in andern geschmacklos. Der Anblick der am Sommersonntag von der Kirche zurückkehrenden Schar ist so bunt und pittoresk, wie man es nur wünschen kann.

Henrik Helms, 1869

Tacitus über die Lappen

Die Fennen leben ungemein roh, in abstoßender Dürftigkeit. Sie kennen keine Waffen, keine Pferde, kein Heim; Kräuter dienen zur Nahrung, Felle zur Kleidung und der Erdboden als Lagerstätte. Ihre einzige Hoffnung sind Pfeile, die sie aus Mangel an Eisen mit Knochenspitzen versehen.

Und von derselben Jagd nähren sich die Frauen ebenso wie die Männer; denn überall sind sie dabei und fordern ihren Anteil an der Beute. Auch gibt es für die Kinder keinen anderen Schutz vor wilden Tieren und Regengüssen, als daß man sie in einem Geflecht von Zweigen birgt; dort suchen auch die Männer ihr Heim, dort haben die Greise ein Obdach. Sie halten jedoch dieses Leben für glücklicher, als ächzend das Feld zu bestellen,

Links: «Bunte Felsenbilder» – Flechten, Moose und Sträucher auf den vom Wasser ausgewaschenen Steinen sind typisch für die Vegetation im Norden von Finnland. – Das Rentier (Mitte oben) trifft man in Finnland fast überall an. Schätzungsweise leben allein in Lappland rund 750 000 Rentiere, die als Milch-, Fleisch- und Fellieferanten die Existenzgrundlage der samischen Bevölkerung bilden (siehe Seite 39). – Im Gegensatz zu den weit verbreiteten Rentieren wird man nur selten die scheuen Elche (Mitte unten) zu Gesicht bekommen, die abseits der Straßen im Dickicht leben. Zwar hat sich der Bestand der Elche aufgrund verschiedener Schutzmaßnahmen in den letzten Jahren wieder vergrößert, aber um mit Gewißheit Elche sehen zu können, sollte man eines der großen Freiwildgehege besuchen. – In den riesigen Nationalparks in Lappland – der Lemmenjoki-Nationalpark ist etwa 2855 Quadratkilometer groß, der Urho-Kekkonen-Nationalpark erstreckt sich über 2550 Quadratkilometer bis zur russischen Grenze – horsten Adler (rechts oben), Wölfe (rechts unten) leben heute wieder (!) in den dichten Wäldern im russischen Grenzland in Ostfinnland.

Oben links: Der Schriftsteller Zacharias Topelius (1818 bis 1898).

Oben Mitte: Johan Ludvig Runeberg (1804–1877) schrieb den Text der Nationalhymne.

Unten links: Der Bildhauer Ville Vallgren (1855–1940).

Unten Mitte: Frans Eemil Sillanpää (1888–1964), Nobelpreisträger für Literatur.

Rechts: Denkmal für Elias Lönnrot (1802–1884), der das Volksepos «Kalevala» herausgab, in Helsinki. Lönnrot wurde hier zusammen mit den Sagengestalten der «Kalevala» verewigt.

sich mit Häuserbau zu plagen, in Furcht oder Hoffnung über eigenen und fremden Wohlstand nachzudenken. Sorglos vor den Menschen, sorglos vor den Göttern, haben sie das Schwerste erreicht: nicht einmal einen Wunsch zu kennen.

Publius C. Tacitus, 98 n. Chr.

Nach Norden …

«Die Straße ist miserabel», sagte Ragnar. Sie hatten eine lange Zeit nicht gesprochen, vielleicht eine Stunde lang. «Strengt dieses Holpern dich nicht an? Du hättest doch ein Kissen mitnehmen sollen.» Der Wagen krachte und schwankte über einem Loch. Ragnar und Johanna lachten. Der Wald hörte nicht auf, er hatte die furchtbare Unendlichkeit der Wüste und des Meeres. So wenig wie die Wüste und das Meer schien er menschliches Leben zu dulden. Man fuhr zwanzig Kilometer, dreißig, fünfzig Kilometer, ohne einem Menschen zu begegnen. Wie das Meer rauschte der Wald. Der einschläfernde und pathetische Orgelton des großen Rauschens – Musik ohne Rhythmus, Urmusik, noch nicht vom Rhythmus gegliedert: Brandungsmonotonie – begleitete ihre Fahrt. Einmal endete die Straße plötzlich, man bog um eine Kurve und wäre fast ins Wasser gefahren: plötzlich gab es, statt der Straße, unvermittelt vor ihnen, einen See; «einer unsrer vierzigtausend Seen», erklärte Ragnar. Drüben lag eine Fähre, man mußte winken und schreien, dann warten. Die Fähre kam langsam herbei, vorsichtig lenkte Ragnar sein geliehenes Auto aufs Floß. Die Fähre lief an einem Strick, der über das Wasser gespannt war. Schweigsamer alter Fährmann – weißbärtig, aber rüstig – stieß sein langes Ruder in die Tiefe. Man glitt langsam hinüber. Am anderen Ufer ging die Straße weiter.

Gegen Mittag kamen sie in eine kleine Stadt, Ragnar nannte ihren Namen, er war aber so fremdartig, daß Johanna ihn sich nicht merken konnte. Die Stadt war öde, auch hier schien es nur wenige Menschen zu geben. In trägen Gruppen standen sie vor einigen trostlosen Repräsentationsgebäuden: einer funkelnd neuen, überraschend stattlichen

Der finnische Komponist Jean Sibelius (1865–1957; links) sitzt dem Bildhauer Wäinö Aaltonen (1894–1966) in seinem Atelier Modell (Foto von 1930).

Apotheke, einem grell weißgetünchten Rathaus. Ragnar sagte, daß in diesem Ort eine alte Burg zu besichtigen sei. Sie lag etwas außerhalb der Stadt auf einem felsigen runden Eiland, inmitten eines schwarzen kleinen Sees. Ein Motorboot brachte die Besucher hinüber. Man betrachtete sich die Burg, ihre Höfe, Türme und Keller, modrige Verliese, verlassene Festsäle. Ein Führer erzählte in abenteuerlichem Englisch von vergangener Pracht und Macht der Stätte. Johanna betrachtete mit sachlicher Neugierde die Formen dieser plumpen und drohenden Bogen, Kuppeln, mächtig dicken, doch schon bröckligen Gemäuer. Der Stil des finsteren Gebäudes, in dem nordische Gewaltherren gehaust und gewütet hatten, schien einen orientalischen Einschlag zu haben. «Die ganze Herrlichkeit erinnert mich mehr an chinesische Märchenbücher als an deutsche», sagte Johanna. Ragnar lachte. «Irgendwie ist ja wohl ein Schuß vom Fernen Osten in unsren Norden gekommen», erklärte er und hatte schmale Augen. «Man weiß nicht ganz, wie es passieren konnte, das sind undurchsichtige Zusammenhänge.»

Nachdem sie Folterkammer und Aussichtsturm besichtigt, schließlich dem Führer sein Trinkgeld gegeben hatten, fuhren sie weiter. Der Wald nahm sie wieder auf. Wieder begleitete sie das große Rauschen. Zweimal mußten sie noch an Gewässern, die als plötzliche Hindernisse vor ihnen lagen, haltmachen, um die Fähre zu erwarten, die sie übersetzte zum anderen Ufer – wo der unendliche Wald sie wieder empfing [...]

Sie fuhren nach Norden.

Die Gegend des unendlichen Waldes hatten sie hinter sich. Nun kamen sie durch steppenhaft kahles Land, das wenig Erhebungen, fast keine Bäume hatte. Sie fuhren zwei Stunden, drei Stunden, ohne einen Menschen zu sehen.

«Langweilst du dich?» frage Ragnar. «Nein», sagte Johanna. «Aber ich habe nicht gewußt, daß es in Europa eine Gegend gibt, wo so wenige Menschen wohnen» – «Es ist ja auch nicht mehr richtig Europa», sagte Ragnar. Johanna steckte sich nachdenklich ein neues Streichholz zum Zerbeißen zwischen die Vorderzähne.

Im Süden der Landschaft Häme, unweit des Dorfes Toukola, liegt auf dem Nordhang eines Hügels der Jukola-Hof. In seinem nächsten Umkreis ist die Gemarkung steinig; aber weiter unterhalb beginnen die Felder, auf denen vor dem Verfall des Hofes stahlharte Ähren wogten. Hinter den Feldern beginnt Wiesenland, von Klee gesäumt und einem sich in vielen Windungen dahinschlängelnden Bach durchzogen, und reich war dessen Ertrag an saftigem Heu, bevor es später zur Dorfweide wurde. Auch große Wälder, Moor und Ödemark gehörten zum Hofe, zum Teil schon seit den Tagen der großen Flurbereinigung in alten Zeiten; denn der Jukola-Bauer von damals, mehr um das Wohl der ihm folgenden Geschlechter als um sein eigenes besorgt, hatte Land genommen, das von einem Waldbrand verheert worden war, und deshalb ein siebenmal größeres Gebiet als andere bekommen. Die Spuren des Feuers waren schon lange verschwunden, statt dessen wuchs hier jetzt ein prächtiger Wald heran. – Und hier war das Zuhaus der sieben Brüder, von deren Lebensschicksalen ich erzählen will.

Die Namen der Brüder, vom Ältesten bis zum Jüngsten sind: Juhani, Tuomas, Aapo, Simeoni, Timo, Lauri und Eero.

DAS FINNISCHE EPOS «DIE SIEBEN BRÜDER»

Aleksis Kivi (1835–1872), unter anderem von Shakespeare, Cervantes und der Kalevala beeinflußt, war der erste originär finnische Schriftsteller. Seinen Platz in der nationalen Literaturgeschichte hat er darüber hinaus wegen seiner meisterhaften Menschenschilderungen, seines volkstümlichen Humors und seines Realismus. In «Die sieben Brüder» (1870) schildert Aleksis Kivi in epischer Breite den Kampf zwischen Wildnis und Gesellschaft.

Von ihnen sind Tuomas und Aapo ein Zwillingspaar und ebenso Timo und Lauri. Juhani, der älteste der Brüder, zählt fünfundzwanzig Jahre, während Eero, der jüngste, kaum achtzehn Sonnenkreise erlebt hat. Ihrem Wuchs nach sind sie stämmig und breitschulterig, von mittlerer Größe, bis auf Eero, der noch recht klein ist. Der größte von allen ist Aapo, doch freilich längst nicht der breitschulterigste. Dieser Vorzug und diese Ehre fallen Tuomas zu, der ob seiner Breitschulterigkeit weithin bekannt ist.

Eine Eigentümlichkeit, die ihnen allen gemeinsam ist, ist ihre gebräunte Haut und ihr strähniges, flachsblondes Haar, dessen Widerspenstigkeit besonders bei Juhani auffällt.

Ihren Vater, der ein eifriger Jäger war, ereilte der Tod in seinem besten Alter ganz unvermutet, als er mit einem grimmwütigen Bären kämpfte. Man fand damals beide, den König der Wälder wie den Mann, Seite an Seite tot auf der blutigen Walstatt. Schlimm war der Mann zugerichtet, doch auch dem Untier waren Hals und Flanke von seinem Messer aufgeschlitzt und die Brust von einer heißen Kugel durchbohrt. So endete der Mann seine Tage, der in seinem Leben mehr als fünfzig Bären zur Strecke gebracht hatte.

Oben: Denkmal für Aleksis Kivi vor dem Nationaltheater in Helsinki. – Unten: Winter am Palolompolosee in Lappland.

Auf einer grenzenlos weiten, aber dürren Weide standen vereinzelt Kühe, mager und melancholisch, in großen Abständen voneinander. Man kam durch ein Dorf – wenn man die paar schmutzigen Häuser so nennen mochte, die um eine kahle Kirche verstreut lagen. Ragnar stoppte und fragte einen Burschen, der an einem Bretterzaun lungerte, welche von den beiden Straßen, die in Frage kamen, wohl die bessere sei. Der Junge hatte ein böses, zugeriegeltes Gesicht. Er schwieg. Ein anderer Bursche und ein älterer Mann kamen herbeigeschlendert. Ragnar fragte auch sie, aber sie blieben so stumm wie der erste. Man antwortete nicht. «Eine sehr liebenswürdige Ortschaft», grollte Ragnar. Johanna war erschrocken über das stumme Dorf.

«Die Leute sahen jammervoll aus», sagte sie, während man weiterfuhr [...]

Ihre Fahrt führte einige Kilometer am Meere entlang, unter einem nicht ganz wolkenlosen Himmel lag die Ostsee als eine ruhende, hellgraue Fläche, die nur am Rande vorsichtig bewegt war vom leis plätschernden Atem der Brandung. Der Eindruck, den die sanfte Wasserfläche machte, war weniger pathetisch und weniger großartig als der Eindruck des großen Waldes. «Ist es wirklich das Meer?» fragte Johanna. «Ich bin ein bißchen enttäuscht.» – «Die Landschaft meines sonderbaren Landes», meinte Ragnar, «hat dich mit den Kolossaleffekten ihrer Einsamkeit verwöhnt. Danach wirkt das Meer vergleichsweise zivilisiert.»

Die Straße machte eine große Biegung landeinwärts, beinah in rechtem Winkel führte sie vom Meer fort. Man war wieder in platter und kahler Gegend. Die wenigen Dörfer, durch die man kam im Laufe der Stunden, schienen noch weiter außerhalb der Bezirke europäischer Art zu liegen als die Ortschaften, über die man sich am Tage vorher gewundert hatte. Hier gab es nur noch Gruppen niedriger Holzhäuser; vor den Türen hockten Weiber mit Eskimogesichtern, sie trugen verschmierte Pelzjacken, so milde das Wetter war: viele von ihnen rauchten aus langen Pfeifen. Kinder mit eingedrückten Näschen und hohen Wangenknochen, starrend von Schmutz, sprangen herbei, wenn das Auto sich nahte, um ein großes Winken zu veranstalten: sie stellten sich am Straßenrand auf, schrien mit rauhen Stimmen und schwangen die Arme. Aus den gedrungenen Hütten stieg qualmiger Rauch. – Johanna war in ihrem jungen Leben wenig gereist, niemals hatte sie außereuropäische Lebensformen gesehen. Diese wilden menschlichen Niederlassungen weckten in ihr vage Reminiszenzen an gelesene Reiseschilderungen, Bilder aus Illustrierten, Stücke aus Kulturfilmen, die es im Vorprogramm der Kinos gab. Sie hätte Ragnar gerne darum gebeten, anzuhalten, damit sie aussteigen könnte und sich das fremde Leben aus der Nähe beschauen. Aber Ragnar hatte es eilig, weiterzukommen, er verlangsamte nicht einmal die Fahrt, die nach Norden ging. Er war wie gehetzt, als gelte es, in bestimmter Zeit ein bestimmtes Ziel zu erreichen.

Mittags machten sie Station in einer Touristenherberge, die nicht in einem Dorf, sondern isoliert an der Straße lag. Es gab Rentierbraten, Johanna aß das zum erstenmal; sie hätte es für Hirschfleisch gehalten, aber man machte sie darauf aufmerksam, daß es Rentier war. Dazu servierte man ein Kompott aus weichen, etwas schleimigen gelbrosa Beeren – Sumpfbrombeeren, wie Ragnar erklärte. Die Mücken waren ziemlich lästig hier. Sie kamen in großen, leis summenden Schwärmen, einzeln waren sie so klein, daß man sie nicht fangen konnte. Man schlug zornig in ihren Schwarm, aber der zerging wie eine Wolke. Johanna hatte schon ein paar sehr unangenehme Stiche auf den Händen und am Halse, vor allem einen störenden hinter dem rechten Ohr. Der Rentierbraten schmeckte ihr ausgezeichnet; die schleimigen Beeren mochte sie nicht besonders. – Ragnar fuhr den ganzen Nachmittag in einem guten, gleichmäßigen Tempo. Es machte den Eindruck, als habe er erst während dieser Reise richtig chauffieren gelernt. Abends kamen sie wieder in eine größere Ortschaft, vorgeschobener Posten der Zivilisation, von einer gewissen kolonialen Stattlichkeit; Apotheke, Postgebäude und das Hotel waren die drei Repräsentationsgebäude. [...] Dieser Ort war die nördlichste Station der Eisenbahn: hier endete sie.

Klaus Mann, 1934

Man erzählt, daß ein blinder Rentierbesitzer einmal von seinen Knechten verlangt habe, die Ohrläppchen der Kälber, die beim Zeichnen der Rene abgeschnitten werden, aufzuheben und nach Hause zu bringen. Jeder Rentierbesitzer hat, wie schon gesagt wurde, ein bestimmtes Zeichen in die Ohren seiner Tiere eingeschnitten. Mit Hilfe dieses Zeichens, das aus ein oder mehreren Schnitten von besonderer Form und Zusammenstellung besteht, erkennen die Lappen ihre Rene wieder und können das Besitzrecht auf sie in jedem einzelnen Falle feststellen und behaupten.

Genug – der blinde Alte zog alle Ohrläppchen, eine Menge weicher, behaarter Fellstücke, auf eine Sehne, und dank dieser Anordnung konnte er daheim in seinem Zelt mit steifen krummen Fingern eine Art Inventar seines Eigentums aufstellen und die Aussichten des kommenden Jahres berechnen. Mit seinen schwieligen Händen legte er ein Viertel der Ohrläppchen fort und ließ sie ins Feuer fallen: Diese werden die Wölfe holen! Dann nahm er ein Achtel der übrigen: Diese gehen im Wasser der Flüsse oder in den tiefen Eis- und Gletscherspalten der Berge verloren! Und wieder legte er ein Achtel beiseite: Diese soll die Erde haben! Sie werden auf unerklärliche Weise auf der Wanderschaft verschwinden, spurlos wie der Schnee, wenn es Frühling wird. Aber mit diesen – seine braunrissige Hand fuhr liebkosend über alle, die auf der Sehne übriggeblieben waren –, mit diesen will ich wirtschaften, wenn Gott gut ist und das neue Jahr günstig wird.

Im Gubbtale wohnte ein alter Lappe. Hova, dessen Renherden immer wieder von solchen Unglücksfällen betroffen und verhext worden waren. In jüngeren Jahren hatte er eine große Renherde besessen, die dann auf einige zehn Tiere zusammengeschmolzen war. Durch die Verheerungen der Raubtiere, durch häufiges Vorkommen von «Flen» – einem harten eisigen Schorf auf dem Boden, der die Rene hindert, an die Äsung zu gelangen, und zur Folge hat, daß sie in Mengen verhungern – und vielleicht auch in gewissem Sinne durch schlechte Pflege des Besitzers war die Herde so schnell kleiner geworden.

Hova saß oft in dem Renhüterzelt, wo er alte Frühlingsschuhe aus Renleder ausbesserte und verstärkte. Diese Fußbekleidung, die immer mit Teer, zuweilen mit einem Zusatz von Darmschmalz oder anderem Fett eingeschmiert wurde, um danach wasserdicht zu werden, wurde ungefähr ebenso wie gewöhnliche Winterschuhe aus Renleder hergestellt, aber mit stärkeren Fäden und dichteren Stichen genäht. Das Material nahm man am liebsten vom Kopf des Rens, da das Fell dort besonders stark ist.

Die Renhüter versammelten sich gern um Hova – der Alte hatte immer so viel zu erzählen. Meist gab er eigene Erinnerungen aus der Jugendzeit zum Besten, und der Glaube an kleine geheime Wesen, an Gespenster und Erdbewohner, als ursprüngliche und rechtmäßige Besitzer des Landes, ging wie ein roter Faden durch fast alles, was er zu erzählen hatte [...]

Nun gibt es im Gubbtale ein ungeschriebenes Gesetz, das allen im Blute steckt: wenn ein Unglück geschehen ist und einen im Dorf betroffen hat – wenn der Sturm den Fischern die Netze in einer Unwetternacht fortgerissen, wenn ein Schadenfeuer ein Zelt verheert und eingeäschert und Menschen heimatlos gemacht hat, oder wenn die Rene eines Lappen besonders unter den Raubtieren gelitten haben –, was auch geschehen sein mag, dies Gesetz befiehlt, daß die Nachbarn füreinander eintreten und, wenn sie es können, von ihrem Hab und Gut abgeben. Wenn daher einer Familie, die im Osten des Dorfes wohnt, ein paar Ziegen fortgekommen sind, dann gibt der im Westen wohnende Lappe dem anderen jeden Abend ein gewisses Quantum Ziegenmilch. Und dies solange, bis die Familie neue Tiere angeschafft hat oder ihr auf andere Weise dauernd geholfen ist. Das ist eine Art Unfallversicherung ohne Prämien, nie näher formuliert, nie aufgeschrieben oder unterzeichnet, eine Schutzvorrichtung, die als selbstverständlich angesehen wird und die aus dem Dunkel der grauen Vorzeiten stammt, als sich die Wildmark mit all ihren Schrecken noch wie ein Alpdruck um die Siedlung der Menschen schloß.

Torsten Boberg, 1937

Fischfang auf einem der vielen Seen in Lappland.

Nächste Doppelseite: Der Inarisee ist Lapplands größter See. Der achtzig Kilometer lange und vierzig Kilometer breite Inari hat über dreitausend kleinere und größere Inseln.

«*Das Wasser fließt ruhig, und es wirkt wie durchsonnt. Die Luft ist still ... das Boot gleitet dahin. Wildenten schnarren. Alles um mich leuchtet: Lappensommer», aus: Otto Heinrich Klingele, «In den endlosen Wäldern», 1960.*

Oben und unten: Seen im Hohen Norden.

Nächste Doppelseite: Am Vietonensee in Lappland. Die allmähliche Verlandung durch Überwucherung mit Torfmoosen und anderen Sumpfpflanzen ist das Schicksal vieler finnischer Seen.

«In der Nachbarschaft des ewigen Schnees, in menschenleeren Wäldern, an den Ufern einsamer Seen, da lacht man selten, und ebenso selten singt man fröhliche Lieder und preist des Lebens Lust und Freude; – aber lieben, arbeiten, entbehren, leiden, das vermag man dort», aus: Henrik Helms, «Finnland und die Finnländer», 1869.

Vorangegangene Doppelseite: Am Lankojärvi in Lappland.

Oben und unten: Wo der Frost regiert, ruht die Arbeit. Auf einem Bauernhof in Mittelfinnland.

Finnlands Winter sind lang und die Nächte hell: Ein einsamer Wanderer überquert auf Schneeschuhen einen zugefrorenen See.

Frühlingsanfang: Erst zum Teil vom Eis befreit sind Strom und Bäche.

Bei Tornio. «Pilkki», das Angeln am Eisloch, ist Volkssport in Finnland.

Tauwetter am Meltosjärvi.

Nächste Doppelseite: Mittsommernacht am Ranujärvi, ein faszinierendes Naturschauspiel.

Eine Ferienhütte am Iso Vietonen in Lappland.

Reiseführer durch Finnland

Otto Michael Schneider
ergänzt von Eberhard Winkler

Inhalt

Unterwegs in Finnland: Tips und Vorschläge

Wie reisen? Die Anreise erfolgt mit dem Schiff (z.B. mit dem Finnjet von Travemünde oder den Fährschiffen von Stockholm), mit dem Flugzeug (täglich von allen größeren deutschen Flughäfen) oder aber mit dem Auto auf der «Via Baltica» quer durchs Baltikum über Sankt Petersburg – eine neue, sehr reizvolle Alternative.

Wer mit dem eigenen Wagen reist, findet in Finnland ein gut ausgebautes, engmaschiges Straßennetz vor. Autobahnen gibt es nur wenige; die geringe Verkehrsdichte ermöglicht jedoch auch auf den übrigen Straßen trotz Geschwindigkeitsbegrenzung ein zügiges Vorwärtskommen.

Reizvoller und dem Kennenlernen von Land und Leuten förderlicher ist das Reisen mit öffentlichen Verkehrsmitteln. Die finnische «Staatsbahn» (VR) verfügt über ein Netz von etwa 6000 Kilometern, das die größeren Städte erschließt und bis nach Lappland hinein reicht (günstig der Finnrail-Paß). Es wird ergänzt durch Überlandbuslinien, mittels derer sich auch abgelegene Regionen gut und bequem erreichen lassen. Eine besonders interessante Möglichkeit in Finnland zu reisen bietet die Binnenschiffahrt der Seenplatte, die mehrere an ihren Ufern liegende Städte miteinander verbindet.

Wo übernachten? Preisgünstige Übernachtungsmöglichkeiten bieten die 160 Jugendherbergen (SRM – Suomen retkeilymaja) und Sommerhotels (Juni bis August) an, die für jeden zugänglich sind (Jugendherbergsausweis nicht erforderlich) und hier eher Pensionen gleichen. Eine kleine Selbstversorgerküche ist meistens vorhanden. In der Hauptsaison empfiehlt sich allerdings, besonders in den Großstädten, eine telefonische Voranmeldung. Zumeist wunderschön an einem See gelegen sind die 350 Campingplätze (Saison von Juni bis August), die in aller Regel mit Dusche, Kochgelegenheit und selbstverständlich Sauna ausgestattet sind. Auf den meisten Plätzen besteht auch die Möglichkeit, eine *mökki* zu mieten, eine einfache Holzhütte für zwei bis sechs Personen, die außer den Betten (eigenes Bettzeug!) oft auch eine Kochgelegenheit und einen Kühlschrank enthält – eine preislich günstige Übernachtungsmöglichkeit, die jedoch in der Hauptsaison wegen des Andrangs schnell rar werden kann.

Wohin fahren? Einige Tourenvorschläge als Kostprobe:
Erster Vorschlag: Die *Ålandinseln*, von da mit einem der Fährschiffe durch den Turku vorgelagerten Schärengarten aufs Festland, den stark schwedisch geprägten südwestlichen Teil Finnlands (Seite 104 und Karte Seite 105).
Zweiter Vorschlag: *Helsinki*, die Hauptstadt, «Tochter der Ostsee» genannt, mit ihren unzähligen Sehenswürdigkeiten (Seite 110, Karten auf den Seiten 110 und 119).
Dritter Vorschlag: Die *finnische Seenplatte*, die sich auch mit dem Schiff sehr gut erschließen läßt und der Finnland auch seinen Ruf als das «Land der tausend Seen» verdankt (Seite 144 und Karte Seite 155).
Vierter Vorschlag: *Lappland*, Finnlands subpolare Region mit ihrer Urbevölkerung, den Lappen (Samen), und seiner

Ein Hotel auf der abgeschiedenen Inselgruppe Kökar im Südosten des Schärengebietes der Ålandinseln.

unendlichen, unberührten Weite; diese Region im Norden von Finnland erreicht man auch über Schweden (Seite 151). Fünfter Vorschlag: Der Osten, *Karelien* mit seiner schon russisch-orthodox gefärbten Kultur (Seite 154).

Sprache: Finnen sind nicht gerade redselige Leute, zumal wenn sie sich in einer Fremdsprache ausdrücken sollen. Mit Englisch kommt man in der Regel gut durch, Deutsch wird weniger verstanden. Mit ein paar Redewendungen in der Landessprache läßt sich unter Umständen viel mehr erreichen. *Grüßen*: Hyvää päivää (Guten Tag), Terve oder Hei (Hallo); Näkemiin (Auf Wiedersehen), Terve sitten, Hei hei (Tschüß). *Danken*: Kiitos. *Bitten*: Olkaa hyvä (Seien Sie so gut), Ole hyvä (sei so gut). *Entschuldigen*: Anteeksi.

Währung: Bezahlt wird mit der Finnmark (FMK), bestehend aus 100 Penni.

Essen und Trinken: Preisgünstig und solide kann man sich in einer *baari* (nicht zu verwechseln mit dem, was das deutsche Wort «Bar» bezeichnet), einer einfachen Gaststätte, oder in einem *kahvila*, einer Art Café, verköstigen. Zur Mittagszeit wird zumeist ein Gericht als besonders günstige Gelegenheit angeboten. Die Preise entsprechen dem mitteleuropäischen Niveau. Die finnische Küche ist nicht sehr raffiniert, dafür bodenständig mit einigen durchaus schmackhaften Eigenheiten. Hauptgetränk zu den Mahlzeiten ist Milch, Nationalgetränk dagegen Kaffee, der zu jeder Tageszeit, sogar vor dem Schlafengehen, genossen wird. Der Verkauf alkoholischer Getränke jeder Art unterliegt strengen Restriktionen: Bier (mit Ausnahme des Leichtbieres, *keskiolut*), Wein und Spirituosen kann man nur in staatlichen Monopolläden (*alko*) erwerben, in Gaststätten, Restaurants und Kneipen wird das Angebot durch die jeweilige Lizenz des Lokals geregelt. Das Preisniveau ist hier wie überall in Skandinavien sehr hoch.

Das Land der tausend Seen – Von den Ålandinseln bis nach Lappland

Von Otto Michael Schneider

Die Ziffern im Kreis verweisen auf die Karte Seite 155.

Ålandinseln ①. Die autonome Region mit ihren etwa 6500 Inseln, Schären und Klippen, zwischen Schweden und Finnland am Eingang zum Bottnischen Meerbusen gelegen, wird kaum einen ihrer zahlreichen Besucher enttäuschen. Der Naturliebhaber kommt voll auf seine Kosten, da die Landschaft sehr abwechslungsreich ist: Von satten Wiesen und

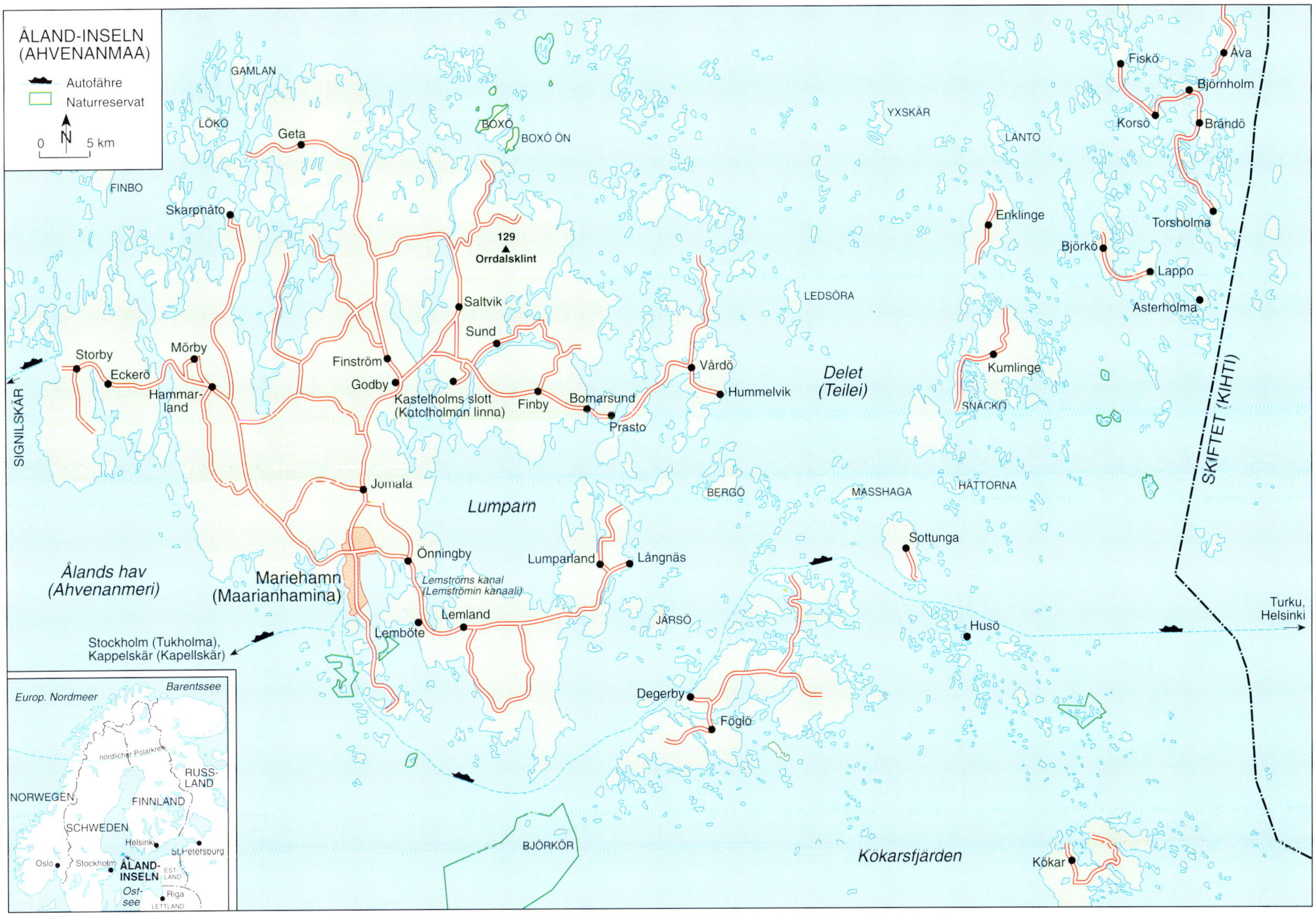

Äckern bis zu kargen, baumlosen Felsklippen sind alle Variationen nordischer Natur vorhanden. Neunhundert Kilometer ausgebautes Straßennetz machen Åland zu einem idealen Gebiet für Autoferien. Immer mehr Besucher erkunden aber die Inseln per Fahrrad (es gibt auch zwei Fahrradfähren!). Zahlreiche Bade- und Sportmöglichkeiten und Möglichkeiten zum Angeln machen den Aufenthalt auf Åland kurzweilig. Der Geschichts- und Kulturbegeisterte ist auf den Ålandinseln keineswegs fehl am Platze. Von der uralten Besiedlung der Inseln zeugen zahlreiche archäologische Stätten und Funde aus Stein-, Bronze- und Wikingerzeit. Die größten kunstgeschichtlichen Sehenswürdigkeiten der Inseln sind ihre zahlreichen romanischen Steinkirchen, die ältesten Sakralbauten Finnlands, mit zum Teil wertvollen mittelalterlichen Holzskulpturen und Inventarien. – Viele Reisende betrachten Åland allerdings lediglich als «Sprungbrett» nach dem eigentlichen Finnland. Die Inseln sind aber durchaus als selbständiges Reiseziel zu empfehlen.

Mariehamn/Maarianhamina, die «Stadt der tausend Linden», ist die Hauptstadt der autonomen Region und Sitz ihrer Selbstverwaltungsbehörden. 1861 gegründet und nach der Gemahlin Zar Alexanders II., Maria Alexandrowna, benannt, ist die idyllische Kleinstadt zugleich auch Finnlands zweitgrößter Umschlaghafen: Ein Drittel der gesamten finnischen Handelsflotte hat hier ihren Heimathafen. Sehenswert sind hier vor allem die Kirche (1927 von Lars Sonck), das Parlamentsgebäude (Självstyrelsegården; 1978 von Helmer Stenros) und einige hervorragende Museen, allen voran das *Ålands Museum* (Öhbergsvägen 1), das die Kulturgeschichte des Archipels (Archäologie, Geschichte, Volkskunde, Politik etc.) didaktisch ausgezeichnet präsentiert: *Ålands Kunstmuseum* (im selben Gebäude), das *Schiffahrtsmuseum* (Hamngatan 2) sowie das *Museumsschiff «Pommern»*, eine Viermastbark von 1903.

Ausflüge: Das gut ausgebaute Straßennetz verbindet die einzelnen Gemeinden auf der Hauptinsel «Fasta Åland», dem åländischen «Festland», und die durch Brücken verbundenen Inseln *Eckerö* im Westen sowie *Lemland* und *Lumparland* im Südosten. In *Jomala*, das direkt an Mariehamn angrenzt, steht die wahrscheinlich älteste mittelalterliche Steinkirche der Inseln, Sankt Olof (12./13. Jh.), mit bedeutenden spätromanischen Kalkmalereien. – Auch in *Hammarland*, westlich von Jomala, befindet sich eine sehr sehenswerte Kirche, Sankt Catharina, vom Ende des 13. Jahrhunderts. Wie in fast allen åländischen Gemeinden weisen zahlreiche Grabfunde und Siedlungsplätze auf die sehr alte Besiedlung hin. – Von *Eckerö*, ganz im Westen, segelten früher die Postboote nach Schweden. Im Auftrag von Zar Alexander I. entwarf niemand Geringerer als Carl Ludwig Engel, der Erbauer Helsinkis, 1821

Voll im Wind. Vor Mariehamn, Hauptstadt der Ålandinseln.

MYTHOS WINDJAMMER

Åländische Großsegler auf Weltreise

«Was könnte eine schönere Abwechslung von der gewöhnlichen Routine eines Urlaubs sein als eine kurze Reise mit einem der wenigen erhaltenen, echten alten Segelschiffe», stellte der åländische Reeder Gustaf Erikson zu Beginn der dreißiger Jahre fest und ließ Passagiere auf seinen Großseglern mitreisen. Er war der letzte Eigner der berühmtesten Großsegler Europas, der letzte König der Windjammer, und die Åland-Inseln waren die letzte Heimat seiner Großseglerflotte, einer der größten der Welt.

Damals übte der Mythos der Windjammer seinen eigenen Reiz auf die Großeltern der heutigen Touristen aus. Von England nach Mariehamn fuhren solche klassischen Schiffe wie die «Herzogin Cecilie», die «Pamir» oder die «Passat» mit acht bis zwölf Urlaubern an Bord. Nur auf der «L'Avenir» fanden bis zu 70 Passagiere Platz. Zwölf Tage im Schnitt dauerte die Überfahrt von England nach Mariehamn, das dank Gustaf Erikson zu seinen ersten internationalen Gästen kam.

Zwar hatte der Reeder mittschiffs oder im Heck einiger seiner Großsegler Passagierkabinen eingerichtet, doch luxuriös waren die Unterkünfte keineswegs. Es gab weder Stewards an Bord, noch eine spezielle Verpflegung für die Gäste. «Aus diesen Gründen mag es alles in allem nicht allzu bequem für ältere Damen und kleine Kinder sein, obwohl mehrere Damen auf diesen Schiffen sowohl an kurzen wie an langen Reisen nach Australien teilgenommen haben und sich im großen und ganzen entzückt von dem Experiment zeigten», klärte ein Prospekt Eriksons die vornehmlich englischen Ladies auf.

Die Reisen nach Australien, auf denen Erikson ebenfalls Gäste an Bord nahm, können wahrlich kein Zuckerschlecken gewesen sein. Auf der Hinreise wurde das Kap der Guten Hoffnung umsegelt, auf der Rückreise Kap Hoorn. Die Abenteuerlustigen zahlten 50 Pfund pro Strecke, ohne zu wissen, ob sie nach einer Schiffahrt von bis zu 100 Tagen in Port Lincoln oder in Port Victoria ankommen würden. Für die noch längere Rückreise (100 bis 120 Tage) wurde ebenfalls kein genauerer Zielhafen genannt: Falmouth in Cornwall, Queenstown in Irland oder irgendwo zwischen Bordeaux und Hamburg legten die Windjammer wieder an.

Wie eine solche Reise ablaufen konnte, schrieb der Kapitän der «Pamir» in einem Brief an Gustaf Erikson: «Queenstown, den 29.6.1932. Endlich angekommen, obwohl es anfing, schlecht auszusehen, denn wir hatten Flaute und haben hier draußen eine Woche vergeudet und westlich der Azoren lagen wir elf Tage, es sah aus, als wenn wir nie wieder unter Leute kommen würden. Die Reise ist insgesamt glücklich verlaufen. Wir hatten zwar einen Sturm im Stillen Ozean, der uns den Staub aus den Hosen blies, aber das war auch schon alles. Ganz ohne Schäden sind wir allerdings nicht rausgekommen, denn der Steuerkompaß wurde über Bord gespült und den einen der Rudergänger hat es bös erwischt, daß er sich noch einen Monat in der Koje aufhalten mußte, und außerdem gingen der Besanbaum und die Besangaffel zu Bruch, die wiederum die Poopreling und einen Teil der Brücke zerschlagen haben.»

Gustaf Erikson (1872–1947), der Eigner der größten Windjammerflotte der Welt.

Doch der Reeder ließ weiterhin Passagiere auf die Schiffe, teils weil er den Reklamewert solcher Reisen kannte, teils weil er die Einnahmen benötigte. Und er wies seinen Makler Clarksons in London an, so viele Passagierplätze wie möglich für die Strecke von London nach Mariehamn zu verkaufen. Die Kapitäne allerdings waren keineswegs glücklich mit den neuen Gästen: «Ich werde vermutlich vier Passagiere mit nach Hause bringen. Leider erfreue ich mich nicht sonderlich am Vergnügen ihrer Gesellschaft», schreibt der Kapitän der «Pamir» an seinen Reeder, denn er mußte sich mit für Seeleute so unüblichen Tätigkeiten wie dem Kauf von Federkernmatratzen oder Möbeln für die Passagierkabinen herumschlagen.

Ein Sturm brachte den Kapitän der «Pamir» weit weniger aus dem Gleichgewicht als die Reisenden, die er an Bord nehmen mußte: «Die Passagierfrage versetzte mir einen Schock, über den ich noch nicht richtig hinweggekommen bin, aber ich hoffe doch, bald die Balance wiederzufinden.» *Ralf Schröder*

Die «Herzogin Cecilie», 1902 in Deutschland gebaut, war Eriksons schönstes Schiff.

SPEZIALITÄTEN VON DEN ÅLAND-INSELN

Sehr abwechslungsreich ist die Küche der Åländer nie gewesen. Doch kann man viele kleine Besonderheiten entdekken. Spätestens beim Frühstück, zu dem es åländisches Schwarzbrot gibt, wundern sich ausländische Besucher über den süßlichen Geschmack des Brotes. Es wird noch heute mit Sirup gebacken.
Fisch, insbesondere der Ostsee-Hering, hier «Strömming» genannt, kam früher in allen Formen und Zubereitungsarten auf den Tisch. Das folgende Fischrezept eignet sich ganz besonders für Strandfeste draußen auf einer Schäre, wenn man den eigenen Fang zubereiten möchte.

Auf Süßes braucht der Reisende auf den Åland-Inseln nicht zu verzichten. Berühmt ist der «Ålands pannkaka», der åländische Pfannkuchen. Zum Abmessen der Zutaten beim Kochen und Backen wird wie etwa in Schweden auch heute noch die gute alte Kaffeetasse verwendet.

«Strömmingslåda», überbackener Hering, eine auf den Åland-Inseln beliebte Spezialität.

«ÅLANDS PANNKAKA»

Zutaten: Ein Liter Milch, eine dreiviertel Kaffeetasse Reis, dieselbe Menge Mehl, zwei Eier, eine halbe Kaffeetasse Zucker, ein halber Teelöffel Salz und etwas Kardamom. Hat man alle Zutaten zusammengetragen, werden die Milch und der Reis zu einer Grütze gekocht. Das Ei wird mit dem Zucker geschlagen und zugesetzt. Mehl, Salz und Kardamom werden hineingegeben. Sollte der Teig nicht geschmeidig genug sein, kann noch Milch hinzugegeben werden. Eine Pfanne oder eine flache Form wird mit Butter ausgerieben und der Pfannkuchen darin bei mittlerer Ofenwärme ausgebacken.
Dazu gibt es Pflaumencreme, eine weitere åländische Spezialität: Mit dieser «Sviskonkräm» setzt man dem Pfannkuchen ein Häubchen auf.

«SVISKONKRÄM»

Zutaten: Vier Kaffeetassen Pflaumen, eine Kaffeetasse Rosinen, drei Liter Wasser, eine ungefähr fünf Zentimeter lange Zimtstange, zwei Kaffeetassen Zucker, eine Kaffeetasse Pflaumensaft und sechs Eßlöffel Kartoffelmehl als Bindemittel. Pflaumen und Rosinen werden gewaschen und einige Stunden in Wasser eingelegt. In diesem Wasser werden sie dann eine halbe Stunde zusammen mit der Zimtstange gekocht. Dann werden Zucker und Saft hinzugegeben. Die leicht kochende Flüssigkeit wird nun mit dem Kartoffelmehl gebunden. *Ralf Schröder*

GEKOCHTER «STRÖMMING»

Der frisch gefangene «Strömming» wird gereinigt, das heißt Kopf und Innereien werden entfernt. Dann wird der Fisch gut abgespült, in einen Topf mit Wasser gegeben und nach Geschmack gesalzen; dazu ist grobes Salz am besten geeignet. Bei kleiner Flamme soll der Hering lange kochen, möglichst mehrere Stunden. Der Fisch zerfällt dabei nicht, aber die Gräten werden so weich, daß man sie mitessen kann. Früher gab es Brot dazu, und angeblich trank man nur Buttermilch.
Natürlich findet sich auch der klassische Kartoffelsalat auf den Åland-Inseln, nur heißt er hier «Strömmingssallad», und er enthält neben Kartoffeln, roten Beeten und Zwiebeln auch den obligatorischen Hering. Es gibt darüber hinaus natürlich unzählige Heringsvariationen, ob gekocht oder gegrillt, die auch in jeder Familie etwas anders zubereitet werden.

Typische åländische Süßspeise: Pfannkuchen mit Pflaumencreme.

ein für åländische Verhältnisse monumentales Postgebäude im Empirestil, als Symbol für russische Grandeur im damals westlichsten Außenposten des riesigen Zarenreichs. Interessant: Die mittelalterliche Steinkirche Sankt Lars. – In *Finström*, im Zentrum des åländischen «Festlands» gelegen, steht eine der schönsten mittelalterlichen Steinkirchen des Archipels, Sankt Mikael aus dem 13. Jahrhundert. Sehenswert sind hier die Malereien und Skulpturen. Von *Godby* führt die elegante Färjsund-Brücke hinüber nach Saltvik und Sund. – Auch in *Saltvik* existieren zahlreiche vor- und frühgeschichtliche Zeugnisse, stein- und bronzezeitliche Siedlungsplätze, Befestigungsanlagen («fornborgar») und Grabfelder aus der Wikingerzeit. Die Kirche Sankt Maria stammt aus dem 13. Jahrhundert. Bei ihr wurde im Mittelalter Thing gehalten. Der *Orrdalsklint* ist mit seinen 129 Metern die höchste Erhebung Ålands und bietet eine herrliche Aussicht. – Die Gemeinde *Sund* bezeichnet sich gern als «Wiege der Kultur». Zahlreich sind die Spuren bronzezeitlicher Besiedlung, aber auch Mittelalter und Neuzeit haben ihre steinernen Zeugnisse hinterlassen, beispielsweise die Kirche Sankt Johannes der Täufer (um 1280) mit ihren Ädikula-Wandmalereien, dem wertvollen Marienschrein und zahlreichen mittelalterlichen Holzskulpturen. Auch die Burg *Kastelholm/Kastelholms slott* stammt in ihrem Kern aus dem 13. Jahrhundert. Sie wurde bis ins 16. Jahrhundert zu ihrer heutigen Größe ausgebaut. In der Nähe der Burg das sehr sehenswerte Freilichtmuseum «Jan Karlsgården». Die Ruinen der russischen Festung *Bomarsund*, mit deren Bau 1830 begonnen und die, noch unvollendet, 1854 von englisch-französischen Truppen erobert und gesprengt wurde, sind heute ein beliebtes Ausflugsziel. – *Lemland* wurde 1882 durch den Bau des Lemström-Kanals zur Insel. Die mittelalterliche Steinkirche Sankt Birgitta (um 1280) besitzt in ihrem Innern schöne Kalkmalereien und Holzskulpturen. In der Nähe der Kapelle von *Lemböte* (Mitte 13. Jh.) liegt eine *jungfrudans*, eine Steinsetzung in Labyrinthform. Finnland ist das labyrinthreichste Land Europas. Ein paar hundert Meter von der Kapelle liegt einer der größten Wikingerfriedhöfe der Insel.

Die Schären Ålands: Eine Fahrt durch die östlich vorgelagerten Schären des Archipels, die an den åboländischen Schärengarten anschließen, gehört zu den Höhepunkten einer jeden Finnlandreise. Es gibt zwei Fährschiffrouten, die beide zum finnischen Festland führen und von *Långnäs* auf Lumparland ausgehen: Die Nordroute (Abfahrt auch von *Hummelvik* auf Vårdö möglich) führt über *Enklinge* (Bauernmuseum Hermas gård), *Kumlinge* (Kirche Sankt Anna aus dem 15. Jahrhundert; Übernachtungsmöglichkeit im Hotel Remmaren), *Lappo* (hervorragendes Schärenmuseum) nach *Torsholma*. Von dort geht eine Straße über zahlreiche Brücken und Dämme zum Hauptort der Gemeinde, *Brändö*, sowie nordwestlich bis nach *Fiskö*. Vom nördlichen Brändö gelangt man mittels einer Kurzfähre auf die Insel *Åva*. Von dort verkehrt die Fähre nach *Osnäs* auf dem finnischen Festland.

Die Südroute führt von Långnäs über *Sottunga* und *Husö* nach *Kökar*. Dort hatten Franziskanermönche im 15. Jahrhundert ein Kloster errichtet, auf dessen Ruinen die heutige Kirche (18. Jh.) steht. Im ehemaligen Klosterkeller von Kökar gibt es seit 1979 eine katholische Kapelle. Von Kökar aus gelangt man per Fährschiff nach *Galtby* in der Schärengemeinde *Korppoo* (auf der Straße 180 nach Pargas und Turku). Die Benutzung der Fähren auf beiden Routen ist inklusive einiger Alternativteilstücke grundsätzlich kostenlos, falls man mehr als 24 Stunden in den Schärengemeinden bleibt.

Blick auf die Fischer- und Bootshäuser von Käringsund, einem kleinen Ort auf der Hauptinsel von Eckerö in Åland.

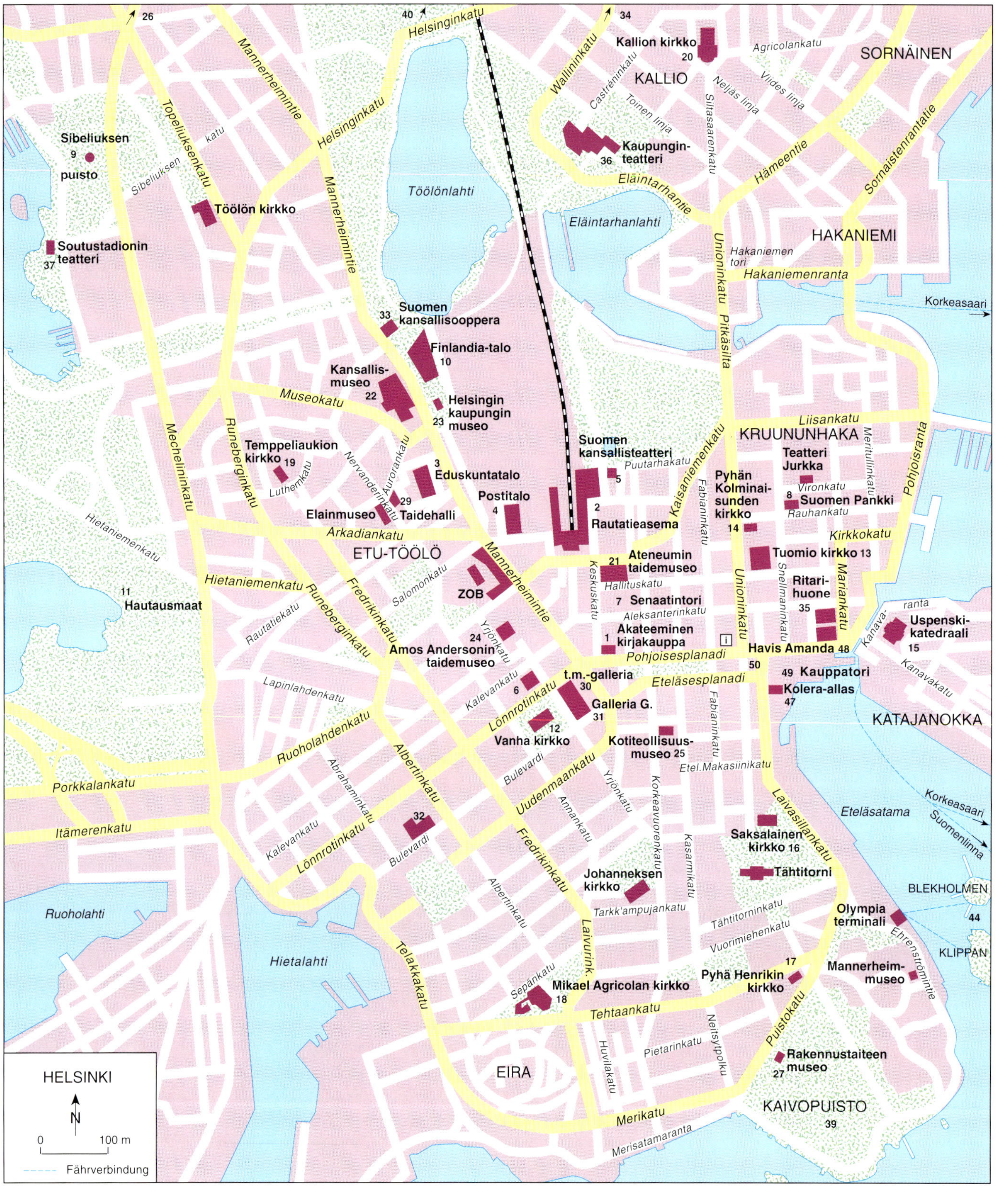

SEHENSWÜRDIGKEITEN

1 Akademische Buchhandlung
2 Hauptbahnhof
3 Parlamentsgebäude
4 Hauptpostamt
5 Finnisches Nationaltheater
6 Jugendstilgebäude der Suomi-Versicherung
7 Senatsplatz
8 Zentralbank mit Snellman-Denkmal
9 Sibelius-Denkmal im Sibeliuspark
10 Finlandia-Haus
11 Friedhöfe am Stadtrand/ Hietamieni-Friedhof
12 Park zur Alten Kirche
13 Dom
14 Dreifaltigkeitskirche
15 Uspenski-Kathedrale
16 Deutsche Kirche
17 Sankt-Henriks-Kirche
18 Mikael-Agricola-Kirche
19 Felsenkirche
20 Kallio-Kirche
21 Staatliches Kunstmuseum
22 Nationalmuseum
23 Stadtmuseum
24 Amos Anderson-Kunstmuseum
25 Museum für Angewandte Kunst
26 Sportmuseum (Karte Seite 119)
27 Museum für Finnische Architektur
28 Seefahrtsmuseum (Karte Seite 119)
29 Kunsthalle
30 Galerie der Maler
31 Galleria G.
32 Ehemaliges Opernhaus
33 Neue Nationaloper
34 Kulturhaus (Karte Seite 119)
35 Ritterhaus
36 Stadttheater
37 Theater am Ruderstadion
38 Espoo (Karte Seite 119)
39 Kaivopuisto-Park
40 Vergnügungspark Linnanmäki (Karte Seite 119)
41 Tiergarten auf Korkeasaari (Karte Seite 119)
42 Insel Pihlajasaari (Karte Seite 119)
43 Freilichtmuseum Seurasaari (Karte Seite 119)
44 Inseln Blekholmen und Klippan
45 Insel Särkkä (Karte Seite 119)
46 Insel Sirpalesaari (Karte Seite 119)
47 Cholerabassin
48 Palais des Staatspräsidenten
49 Marktplatz
50 Havis Amanda
51 Seefestung Suomenlinna (Karte Seite 119)

Die Hauptstadt

Helsinki/Helsingfors ② ist die Hauptstadt der Republik Finnland, politisches und wirtschaftliches Zentrum und bedeutendste Kulturstadt des Landes.

Helsinki wurde 1550 vom schwedischen König Gustav Vasa an der Mündung des Vantaa-Flusses (heutiger Stadtteil Vanhakaupunki/Gammelstaden) gegründet. Der erste Vasakönig wollte mit dieser Stadtgründung die Vorherrschaft Revals im Handel brechen. Diesem Bemühen blieb der Erfolg versagt, 1640 wurde die Stadt an den Ort des heutigen Zentrums verlegt. Helsingfors, wie Helsinki auf schwedisch heißt, blieb weiterhin relativ unbedeutend. Kriegszerstörungen und Brände hemmten die Entwicklung nachhaltig. Ein erster Aufschwung erfolgte erst, als ab 1748 in den Schären vor der Stadt die mächtige Seefestung Sveaborg (heute finnisch Suomenlinna), das «Gibraltar des Nordens», errichtet wurde. Zeitweise waren beim Bau der Festung bis zu achttausend Arbeiter tätig, was natürlich wirtschaftlich der Stadt zugute kam. 1808 zerstörte eine Feuersbrunst einen großen Teil Helsinkis. Als Finnland 1809 im Frieden von Hamina an Rußland fiel, bestimmte Zar Alexander I. im Jahr 1812 Hel-

Blick vom Turm des Olympiastadions über Teile der Bucht Töölönlahti auf den Stadtkern von Helsinki. Im Hintergrund die Uspenski-Kathedrale (Mitte) und der Dom (rechts).

sinki zur Hauptstadt des neuen autonomen Großfürstentums Finnland. Helsinki übernahm somit allmählich die historische Stellung Turkus als Zentrum des Landes. Der Zar war ein großzügiger Förderer der Stadtentwicklung. Unter seiner Ägide erfolgte der Wiederaufbau. Es entstand das großartige Empire-Zentrum um den Senatsplatz, mit Johan Albrecht Ehrenström als Stadtplaner und dem gebürtigen Berliner Architekten Carl Ludwig Engel als Leiter der Obersten Baubehörde. Im Todesjahr von Carl Ludwig Engel, 1840, war der Wiederaufbau größtenteils abgeschlossen. Die Stadt wuchs ständig weiter, bedeckte bald die ganze zerklüftete Halbinsel und breitete sich dann in Richtung Norden und auf die umliegenden Inseln aus. Etwa ab Mitte des 19. Jahrhunderts begann die Entwicklung zur bedeutendsten Industrie- und Hafenstadt des Landes.

Helsinki ist natürlich auch der Mittelpunkt des finnischen Kulturlebens: Mit der größten finnischen Universität und zahlreichen anderen Hochschulen, der Neuen Nationaloper, seinen Theatern und vielen Konzertsälen, Museen und Galerien. Trotz seines Großstadtcharakters blieb Helsinki der Natur verbunden: Das Meer, die vielen Parkanlagen und Grünflächen sowie die attraktiven Freizeit- und Ausflugsmöglichkeiten machen die «Tochter der Ostsee» (*Itämeren Tytär*), wie Finnlands Hauptstadt gern poetisch genannt wird, auch durchaus für einen längeren Aufenthalt interessant.

Helsinki lernt man am besten als Fußgänger kennen. Wer die sehr empfehlenswerte «Helsinki Card» (erhältlich für einen, zwei oder drei Tage) erwirbt, kann allerdings, neben freien Eintritt in die zahlreichen Museen und anderen Sehenswürdigkeiten und vielerlei Rabatten, auch die öffentlichen Verkehrsmittel sowie die Fähre zur Festungsinsel Suomenlinna kostenlos benutzen.

Glanzvoller Mittelpunkt der Ostseemetropole ist zweifelsohne der Senaatintori, der *Senatsplatz*, einer der schönsten Plätze der Welt. Konzipiert wurde er von Johan Albrecht Ehrenström, doch gebührt dem genialen Carl Ludwig Engel das Verdienst der herrlichen Bauten an dieser Stelle. Der Senatsplatz wird gekrönt von der gewaltigen *Domkirche*; sie wird im Osten flankiert vom Regierungspalais, im Westen vom Universitätshauptgebäude. In der Mitte des Platzes das Denkmal des Zaren Alexander II. (1894 von Johannes Takanen und Walter Runeberg). – Im Westen der Domkirche eine weitere Schöpfung Engels, die Universitätsbibliothek (Unioninkatu 36). Auch das ehemalige russische Militärlazarett (Unioninkatu 38), ebenso die schräg gegenüberliegende orthodoxe *Dreifaltigkeitskirche* (1826) mit wertvollen Silberikonen. – Rechts, in der Rauhankatu (Nr. 17) liegen das neoklassizistische Staatsarchiv (1890 von Gustav Nyström), in der Snellmaninkatu die pompöse *Bank von Finnland* (Nr. 6; davor eine Statue des Philosophen Snellman) und das ehemalige Haus der Stände (Nr. 9), das Gustav Nyström 1891 für die drei nichtadligen Stände errichtet hatte. Der Repräsentativbau des Adels war das *Ritterhaus* (Ritarikatu), ein beeindruckender neugotischer Palast (1862 von Georg Theodor Chiewitz). – Folgt man der Ritarikatu nach Süden und anschließend der Helenankatu, gelangt man zum *Präsidentenpalais*, der früheren Zarenresidenz und seit 1918 Sitz des finnischen Staatspräsidenten. – Gegenüber überragt die orthodoxe *Uspenski-Kathedrale* (1868 von Alexander Gornostajew) die Landzunge Katanajokka (hier zum Teil sehr schöne Jugendstilbauten). – Am Beginn der Esplanade gegenüber dem Rathaus (Pohjoisesplanadi 11–13; 1833 von Engel) liegt der *Marktplatz*. Hier steht auch eins der Wahrzeichen Helsinkis, die Brunnenstatue «*Havis Amanda*» (1908 von Ville Vallgren). Das Denkmal mit der dem Meer entsteigenden Jungfrau (die Personifikation Helsinkis) erregte wegen deren draller Nacktheit damals bei der Enthüllung beträchtliches Aufsehen. – Die Prachtstraße Helsinkis, die Esplanade, besteht aus einem nördlichen Teil (Pohjoisesplanadi) und einem südlichen (Eteläesplanadi), mit einem breiten Grünstreifen in der Mitte. Im Haus Pohjoisesplanadi 19 hat das *Informationsbüro* der Stadt Helsinki seinen Sitz. Hier erhält man hervorragendes Informationsmaterial und kompetente Sachauskünfte, auch in deutsch. Dort befindet sich auch der Jugendsali, eine prächtige ehemalige Bankhalle im Jugendstil (1906 von Lars Sonck und Valter Jung). Am Ende der nördlichen Esplanade (Nr. 39) die größte Buchhandlung Europas, *Akateeminen kirjakauppa*,

Der Marktplatz von Helsinki am alten Hafen. Im Hintergrund die Uspenski-Kathedrale, die russisch-orthodoxe Hauptkirche der Stadt.

IMPERATRICI
ALEXANDRAE
METROPOLIN FINLANDIAE
primum advenlanti
die xxix Maji
x Junii
MDCCCXXXIII

Das Restaurant «Manta» im Esplanadenpark von Helsinki.

Der Südhafen von Helsinki. Im Hintergrund das Rathaus und die Kuppel des Doms.

Rechte Seite: Markttreiben in Helsinki, in der Mitte links finnische Zigeunerinnen in ihrer Tracht.

SIIKLI

KOTIMAINEN
KUKKAKAALI
6,50
KILO

In unmittelbarer Nähe des Marktplatzes in Helsinki legen die Fährschiffe zur Festungsinsel Suomenlinna und in die Schären ab.

HELSINKI UND SANKT PETERSBURG – EINE NACHBARSCHAFT AUF DISTANZ

«Die Damen von Sankt Petersburg konnten nicht ruhig schlafen, solange die finnische Grenze derart dicht bei Unserer Hauptstadt verlief.»
Mit diesem Satz begründete Zar Peter der Große (1672–1725) bei den Friedensverhandlungen von Uusikaupunki im Jahr 1721 ebenso chevaleresk wie hinterlistig seinen Anspruch auf das Gebiet der Karelischen Landenge zwischen dem Finnischen Meerbusen und dem Ladogasee.
Mit der Verlegung der Zarenresidenz von Moskau nach Sankt Petersburg bekam Helsinki eine neue strategische Dimension. Dies führte dazu, daß die Schweden auf den Inseln vor der Stadt die Seefestung und Kriegsmarinewerft Sveaborg anlegten. Die Könige wollten Sankt Petersburg erobern, die Zaren wollten es durch ein möglichst weites Vorfeld sichern.
Als Finnland 1809 russisches Großfürstentum wurde, bekam Sankt Petersburg für Helsinki eine besondere Dimension. Nicht mehr im Westen, in Stockholm, lag das Zentrum von Macht und Glanz, sondern im Osten. Dort konnte man als Finne bei Hofe besser Karriere machen. In Sankt Petersburg konnte man Orden und Ehren ergattern. Allein Finnen durften in der russischen Armee Offiziere auch dann werden, wenn sie nicht von Adel waren. Ein Finne wurde Gouverneur von Alaska. Carl Gustaf Emil Mannerheim (1867–1951), finnischer Graf und russischer General, wurde mit Forschungsreisen durch Turkestan und hin bis Nordchina beauftragt. In Helsinki erinnert an diese Zeit die ziegelrote Uspenski-Kathedrale mit ihren Goldzwiebeltürmen, die Mitte des 19. Jahrhunderts nahe beim Marktplatz gebaut wurde.
1918 senkte sich der erste Eiserne Vorhang herab. Sankt Petersburg (1914 bis 1924 Petrograd) lag nun weit hinter dem Horizont. Die Sowjets verlegten ihren Regierungssitz nach Moskau, was aber an der strategischen Bedeutung Leningrads (1924 bis 1991) nichts änderte.
Nach dem Zweiten Weltkrieg rückte Leningrad erst während der sechziger Jahre wieder in das Bewußtsein der Finnen. Die Grenze wurde damals für Touristen geöffnet. Bildungsbeflissene fuhren in die russische Nachbarstadt, um dort die Festung Peter und Paul und natürlich die Eremitage zu besichtigen. Andere fuhren nach Leningrad, weil man sich dort mit schwarz eingetauschter Finnmark gar prächtig verlustieren konnte. Die stark alkoholisierten finnischen Besucher wurden jeden Sommer zu einem Problem für die sowjetische Ordnungsmacht.

Die Perestroika und das Ende der Sowjetunion haben das Verhältnis zwischen den beiden Städten von Grund auf gewandelt. Anders als im Baltikum gibt es in Finnland keinen tiefsitzenden Russenhaß (der ist in den sechziger und siebziger Jahren verblichen). Gespräche von Mensch zu Mensch aber sind auch heute eher selten. Man begegnet sich häufig nur als Verkäufer und Käufer auf den Flohmärkten von Helsinki und Sankt Petersburg. Verantwortlich Denkende in beiden Städten verzichten auf Demutsgebärden und Häme. Dabei ist die finnische Haltung der offenen Arme weniger menschliche Großmut als Verzicht auf den Eselstritt: «Der Bär ist jetzt krank und schwach, aber spätestens übermorgen wird er wieder stark sein. Dann soll er keinen Grund haben, auf Rache für die Schmach von vorgestern zu sinnen.»
Die Breschnew-Zeit gilt heute in Rußland als Periode der Stagnation. Das war sie in der kulturellen Begegnung zwischen Finnen und Sowjetmenschen nicht. Auf dem kulturellen Gebiet, auf dem die Völker des längst vergangenen Zarenreichs schon im 19. Jahrhundert ebensoviel gegeben wie genommen haben, bewegen sich jetzt die Menschen von Helsinki und Sankt Petersburg aufeinander zu. Es sind die noch vorsichtigen Schritte in eine Zukunft, eine offene Zukunft. *Reinhold Dey*

Personendampfer vor der Abfahrt im Hafen von Helsinki (Foto um 1900).

Bitte recht freundlich! – Unterwegs auf großer Fahrt von Stadt zu Stadt (Foto um 1900).

in einem Gebäude von Alvar Aalto. Am Ende des Grünstreifens das *Schwedische Theater* (Teatteri Jurkka). – Die Aleksanterinkatu/Alexandersgatan ist Helsinkis vornehmste (und teuerste) Einkaufsstraße.

Der monumentale *Hauptbahnhof*, im wuchtigen Stil der finnischen Nationalromantik, ist das Werk des berühmten Architekten Eliel Saarinen (1906–1914). Den Bahnhofsplatz beherrscht die Statue des finnischen Nationaldichters Aleksis Kivi von Wäinö Aaltonen (1939). An der Nordseite des Platzes liegt das *Finnische Nationaltheater* mit der nationalromantischen Granitfassade (1902 von Onni Tarjanne). Westlich des Bahnhofs am Mannerheimvägen steht vor dem Hauptpostamt das Reiterstandbild des Marschalls und Staatspräsidenten Carl Gustav Mannerheim (1960 von Aimo Tukiainen).

Schräg gegenüber thront auf mächtigem Sockel das imposante *Reichstagsgebäude* im Stil des Neoklassizismus der zwanziger Jahre (1927–1931 von J. S. Sirén). – Einige Straßenzüge westlich des Parlaments liegt die *Temppeliaukio-Kirche* (Lutherinkatu 3), eine in den Granituntergrund gesprengte Felsenkirche mit Glaskuppel (1969 von Timo und Tuomo Suomalainen). Sie zählt zu den meistbesuchten Sehenswürdigkeiten der Stadt. – Nördlich des Reichstags dann das *Nationalmuseum* (1901–1912 von den Architekten Gesellius, Lindgren, Saarinen). Der Entwurf verhalf dem finnischen Jugendstil, der Nationalromantik, zum Durchbruch. – Gegenüber das *Stadtmuseum* sowie im Park an der Bucht von Töölö das vielbewunderte und heißumstrittene *Finlandia-Haus*, eine Konzert- und Kongreßhalle von Alvar Aalto (1971–1974). Hier fand 1975 die Schlußkonferenz der KSZE statt. Nördlich davon, in derselben Parkanlage, steht die Ende 1993 fertiggestellte *Neue Finnische Nationaloper*, ein grandioser Monumentalbau aus Glas und weißer Keramik. Finnlands Opernwelt besitzt ein ausgezeichnetes Renommee, so daß die Eröffnung dieses ersten Opernhauses auf finnischem Boden international große Beachtung fand. Folgt man der Mannerheimintie weiter nach Norden, so führt die Sibeliuksenkatu nach links zum *Sibeliuspark*. Hier das wohl bekannteste Denkmal Helsinkis, wenn nicht Finnlands, das *Sibelius-Monument*, eine beeindruckende abstrakte Monumentalplastik aus Stahl von der Bildhauerin Eila Hiltunen (1962–1967). – An der Kreuzung Mannerheimintie/Helsinginkatu führt die Paovo Nurmentie zum *Olympiastadion*, das von 1934 bis 1940 für die

(wegen des Zweiten Weltkriegs ausgefallenen) Olympischen Sommerspiele 1940 erbaut wurde; hier fanden dann die Spiele von 1952 statt. Die Architektur des Olympiastadions mit dem 72 Meter hohen Turm (hervorragende Aussicht!) ist ein Beispiel für reinen finnischen Funktionalismus. Davor die bekannte Statue des legendären Langstreckenläufers Paovo Nurmi von Wäinö Aaltonen.

Auch im Süden des Stadtzentrums gibt es zahlreiche Sehenswürdigkeiten: Vom Schwedischen Theater (Teatteri Jurkka) am Westende der Esplanade gelangt man zur Lönnrotinkatu mit der *Alten Kirche* (Vanha kirkko), einem Empireholzbau von C. L. Engel (1827). Weiter westlich, zwischen Lönnrotinkatu und Bulevardi das ehemalige kaiserlich-russische Alexandertheater (1879). – Von der südlichen Esplanade in Richtung Süden kommt man zur Korkeavuorenkatu, in der das Haus der Telefongesellschaft steht: Ein düster-bizarrer Granitbau der betont nationalromantischen Architektur

Links: Die Fassade des Finnischen Nationaltheaters in Helsinki, einem Bau von Onni Tarjanne aus dem Jahr 1902. Davor das Denkmal für den Dichter Aleksis Kivi (siehe Seite 84) von Wäinö Aaltonen.

Mitte: Zu den Hauptsehenswürdigkeiten Helsinkis zählt die Felsenkirche (Temppeliaukio kirkko). Sie wurde in den sechziger Jahren nach einem Entwurf von Timo und Tuomo Suomalainen in einen Granitfelsen, der gesprengt wurde, hineingebaut. Eine monumentale Kuppel überwölbt die Felsenkirche.

von Lars Sonck (1905). Noch weiter südlich erhebt sich die *Johannes-Kirche* (Nr. 12), die größte neugotische Kirche Finnlands (1891). Östlich davon der Observatoriumshügel (Tähtitorni) mit der Sternwarte (1833 von C. L. Engel). – Weiter südlich im Stadtteil Kaivopuisto die katholische *Sankt-Henriks-Domkirche* (1860; Puistokatu 1a). Im Park *Kaivopuisto* mit dem sehr populären Tanzrestaurant Kaivahuone finden im Sommer zahlreiche Open-air Konzerte statt. – Südwestlich des Parks der Villenbezirk *Eira* mit vielen schönen Jugendstilvillen und der *Mikael-Agricola-Kirche* mit ihrem weithin sichtbaren spitzen Turm (1935 von Lars Sonck).
Museen: In Helsinki gibt es über sechzig Museen. Eine viersprachige Broschüre, erhältlich beim Fremdenverkehrsamt (Pohjoisesplanadi 19) gibt erschöpfende Auskunft. Hier die unseres Erachtens zehn interessantesten Museen: Amos-Anderson-Kunstmuseum (Yrjönkatu 27; europäische Kunst des 15.–18. Jhs., finnische Malerei des 20. Jhs.); Athenäum (Kaivokatu 2–4; bedeutendstes Kunstmuseum Finnlands); Cygnaeus-Galerie (Kalliolinnantie 8; finnische Kunst des 19. Jhs.); unweit das Mannerheim-Museum (Kalliolinnantie 14; die Villa gehörte Carl Gustav Mannerheim; unter anderem bedeutende Sammlung von Asiatika, Exponate zu Mannerheims politischem und militärischem Wirken); Stadtmuseum (Karamzininkatu 2; Stadtgeschichte, historische Einrichtungen des 18.–20. Jhs., Malerei und Graphik des 19. Jhs.); Finnisches Nationalmuseum (Mannerheimintie 34; bedeutende Kirchenkunst des Mittelalters, archäologische, historische und volkskundliche Abteilungen); Sinebrychoff-Kunstmuseum (Bulevardi 40; europäische Kunst des 17. bis 19. Jhs.); Museum für Angewandte Kunst (Korkeavuorenkatu 23; finnisches Kunsthandwerk und Industriedesign);

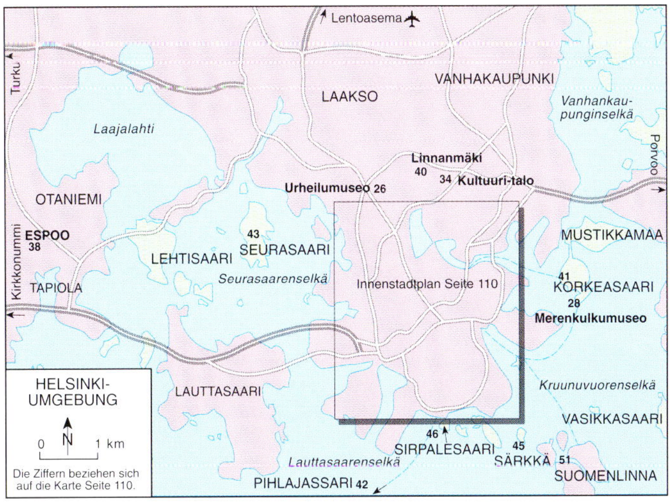

Museum für finnische Architektur (Kasarmikatu 24); Freilichtmuseum Seurasaari (auf einer großen Insel im Nordwesten der Stadt; mit 84 historischen Gebäuden aus allen Teilen Finnlands, siehe Karte der Umgebung Helsinkis, oben).
Ausflüge: Die auf sechs Inseln südlich vor Helsinki gelegene ehemalige Seefestung *Suomenlinna/Sveaborg* ist heute eines der beliebtesten Ausflugsziele. Besonders sehenswert ist der Burghof mit dem Grabmal des Festungsarchitekten und Feldmarschalls Augustin Ehrensvärd; sehenswert auch: Historisches Ehrensvärd-Museum (Susisaari), die Königspforte und das Armfelt-Museum (Kustanmiekka). Während des Sommers finden Führungen durch die Festungsanlagen statt. Kunstausstellungen im Nordischen Kunstzentrum. Parkanlagen, Strand, Restaurant. Die Inselgruppe, ein eigener Stadtteil Helsinkis mit neunhundert Einwohnern, kann per Fähre oder Motorboot vom Südhafen bzw. Marktplatz erreicht werden. – Lohnend ist auch ein Ausflug zur Insel *Korkeasaari* mit dem Zoologischen Garten von Helsinki.

Hauptstadtregion

Espoo/Esbo ③ im Westen direkt an Helsinki angrenzend, hat sich als Trabantenstadt in den letzten Jahren zu Finnlands zweitgrößter Stadt entwickelt. Es besteht aus mehreren Zentren. Die mittelalterliche Feldsteinkirche des 14. Jahrhunderts mit ihren schönen Kalkmalereien steht im eigentlichen Ortskern (Espoon keskus). Weltberühmt wurde die Garten-

Architektonisch bietet Helsinki ein sehr abwechslungsreiches Bild. Neben aparten Jugendstilbauten (oben) gibt es viele schöne Häuser in der typischen skandinavischen Holzbauweise (unten).

stadt *Tapiola*, die von den berühmtesten Architekten Finnlands in den fünfziger und sechziger Jahren mitten ins Grüne gestellt wurde. – Der an moderner Architektur Interessierte wird auch den Campus der Technischen Hochschule im Stadtteil *Otaniemi* besuchen, der auf Entwürfen von Alvar Aalto beruht. Besonders sehenswert sind hier das Hauptgebäude (1964 von Alvar Aalto), das Studentenrestaurant Servi (von Heikki und Kaija Sirén), die Studentenkapelle (ebenfalls vom Ehepaar Sirén) sowie das Kongreßzentrum Dipoli (1966 vom Ehepaar Raili und Reima Pietilä), ein beeindruckendes Beispiel für informelle Architektur der sechziger Jahre. – Unbedingt sehenswert ist auch das Gallen-Kallela-Museum (Gallen-Kallelantie 27) an der Stadtgrenze zu Helsinki (zu erreichen von dort über Läntinen moottoritie) eine von dem berühmten Maler und Graphiker Akseli Gallen-Kallela im Jugendstil entworfene Ateliervilla mit schöner Jugendstileinrichtung und einer Ausstellung von Werken des Künstlers.

Kirkkonummi/Kyrkslätt ④, früher eine rein ländliche und schwedischsprachige Gemeinde, heute fast ein Vorort von Helsinki und überwiegend finnisch, ist ein beliebtes Ausflugsziel – vor allem wegen des Kulturzentrums *Hvitträsk*, einem Villenkomplex im finnischen Jugendstil, den die drei Architekten Eliel Saarinen, Herman Gesellius und Armas Lindgren 1902 für sich als Atelier-Wohnhäuser erbauten. Auch die selbstentworfene Art-nouveau-Einrichtung ist erhalten. – Das Automobilmuseum *Svartvik* präsentiert luxuriöse Oldtimer im Gutshofmilieu.

Vantaa/Vanda ⑤, im Norden an Helsinki angrenzende, aus mehreren Gemeinden bestehende Trabantenstadt Helsinkis (fünftgrößte Stadt Finnlands), beherbergt das 1989 eröffnete Heureka, ein Wissenschaftszentrum und -museum ähnlich dem Deutschen Museum in München, in dem der Besucher auch selbst Experimente ausführen und die Mysterien der Wissenschaft ergründen kann. *Järvenpää*, an der Ausfahrt der E 4 im Norden von Helsinki gelegen, war 53 Jahre lang Wohnsitz des berühmten Komponisten Jean Sibelius (1865–1957). Seine *Villa Ainola* (1904 von Lars Sonck) mit dem Park, in dem Sibelius begraben liegt, ist heute Museum. – Die nahegelegene Gemeinde *Tuusula* war zu Beginn des Jahrhunderts ein beliebter Sommervillenort. Eine Künstlerkolonie mit den Malern Pekka Halonen, Eero Järnefelt, dem Komponisten Sibelius und anderen hatte sich hier gebildet. Das Atelier und Wohnhaus Haloseniemmi von Pekka Halonen ist im Sommer als Museum zugänglich. Halonen und auch der Nationaldichter Finnlands, Aleksis Kivi (1834–1872) sind auf dem Friedhof von Tuusula begraben. – Aleksis Kivis Geburtshaus (heute Museum) steht im einige Kilometer westlich gelegenen Dorf *Palojoki*. Hier finden alljährlich im Sommer am Berg *Taaborinvuori* die Kivi-Spiele statt, wo unter anderem eine Dramaversion seines Romans «Die sieben Brüder» zur Aufführung gelangt (siehe Seite 84).

Etwa 15 Kilometer von *Hyvinkää* entfernt befindet sich in *Riihimäki* das Finnische Glasmuseum (Suomen lasimuseo, an der E 79), eine Sehenswürdigkeit ersten Ranges. Es wurde von dem berühmten Glasdesigner Tapio Wirkkala eingerichtet und zählt zu den bedeutendsten Glasmuseen der Welt.

Glattgeschliffene Felsen, wie hier auf Sottunga, zeichnen die Inseln des Ålandarchipels aus.

Nächste Doppelseite: Bucht an der Küste von Geta, dem nördlichsten Ort auf Åland.

Eine bunt geschmückte Mittsommerstange wird in jedem åländischen Dorf am 20. oder 21. Juni aufgerichtet.

Eindrücke vom Mittsommerfest auf Åland:

Angeführt von zwei Musikanten tragen die Dorfbewohner die farbigen Seidenpapierbüschel und das sogenannte Fechtermännchen, dessen Arme sich beim leichtesten Windhauch drehen, durch den Ort, um damit anschließend die Mittsommerstange zu schmücken.

Neben der Mittsommerstange ist eine Tanzfläche aus Holzplanken aufgebaut. Bis spät in die Nacht wird der Ort von Tanzmusik, Gesang und ausgelassenem Lachen erfüllt sein.

Nächste Doppelseite: Aufsätze für Spinnräder im Museum von Mariehamn auf Åland. Früher schnitzte und bemalte jeder Bräutigam für seine Zukünftige dieses «Rockblad».

Oben und unten: Nicht nur für Kinder ein Erlebnis – in den Freilichtmuseen auf den Ålandinseln sind bäuerliche Werkzeuge und Gebrauchsgegenstände aus dem täglichen Leben in ihrer ursprünglichen Umgebung zu besichtigen, wie etwa hier im Herma Gardsmuseum auf der åländischen Insel Enklinge. Die Einrichtung des unten gezeigten Fischerhauses stammt aus dem 19. Jahrhundert.

Die «Pommern» in Mariehamn ist eines der wenigen im ursprünglichen Zustand erhaltenen Handelssegelschiffe und gilt als Symbol für die lange Seefahrtstradition auf den Ålandinseln.

Nächste Doppelseite: Typisch für die Schären sind die von den Eismassen der letzten Eiszeit rundgeschliffenen Granitfelsen, die aus dem flachen Wasser ragen. Hier bei Eckerö.

Auf den Ålandinseln findet man Orte völliger Abgeschiedenheit und Stille – nur wenige Stunden vom finnischen Festland entfernt. – Altes Bootshaus auf Hammarland.

In den Schären Südfinnlands, bei Kustavi (oben) und Korpoo (unten).

Südwestfinnland

Ekenäs/Tammisaari ⑥ ist eine überwiegend schwedisch bevölkerte, idyllisch am Eingang zur Pohja-Bucht gelegene Kleinstadt (Stadtrechte von 1546), die während des Sommers ein äußerst beliebtes Ferienziel ist. Sehenswert ist das schöne Holzstadtviertel *Barckens udde* mit Häusern aus dem 19. Jahrhundert, die Stadtkirche (1653–1672) aus Feldstein und das Stadtmuseum (Gustav Wasasgata 13).
Ausflugsziele: Etwa vierzehn Kilometer nordöstlich der Stadt liegen die eindrucksvollen Ruinen der mittelalterlichen Burganlage *Raseborg* aus dem 14. Jahrhundert. Sie bilden im Sommer die Kulisse für Freilichttheater. – Weiter nördlich entlang der Straße 53, wenn man in *Karjaa/Karis* nach Westen abbiegt, wird nach drei Kilometern der kleine ehemalige Eisenhammer *Billnäs/Pinjainen* erreicht (1641 gegründet), mit zum Teil erhaltenen Schmieden, Arbeiterhäusern und dem prächtigen Herrenhaus «Villa Billnäs» (1916/17 von Lars Sonck im Stil italienischer Renaissancepaläste). – Auch *Fiskars/Fiskari* (12 km westlich von Karjaa) ist ein solcher idyllischer ehemaliger Eisenhammer (1649 gegründet). Das Herrenhaus ist ein Empireschloß (1818 von Charles Bassi). Ein Werksmuseum führt uns die Geschichte dieser westnyländischen Eisenhämmer in anschaulicher Weise vor Augen. – 13 Kilometer östlich von Karjaa liegt der malerischste und schönste der Hüttenorte, *Fagervik*, 1646 gegründet und im 18. und 19. Jahrhundert eins der bedeutendsten Hüttenwerke Finnlands. Das schloßartige Rokoko-Herrenhaus (1772 von C. F. Schröder), die kleine Kirche (1737 von J. F. Schultz), ein berühmte Park und zahlreiche erhaltene Werksgebäude des 17. bis 19. Jahrhunderts ergeben ein Ensemble von seltener Harmonie. Schließlich ist noch *Svartå/Mustio* (14 km nordöstlich von Karjaa) zu nennen, ein um die Jahrhundertwende stillgelegter Eisenhammer mit seinem klassizistischen Herrenhaus aus Holz des 18. Jahrhunderts. Biegt man an der Straße 53 etwa neun Kilometer nach Mustion asema nach Osten auf die Nebenstrecke 113 ab, gelangt man nach *Siuntio/Sjundeå*. Dort sind die Feldsteinkirche von 1460 und vor allem zwei alte Herrensitze sehenswert, nämlich *Suitia/Svidja* (nördlich der Kirche; Herrenhaus von 1550, später erneuert und 1900 neugotisch umgebaut), und *Sjundby*, ein stattliches Feldsteinschloß (um 1560), das malerisch am Ostufer des Siuntio-Flusses (etwa 2 km vom Bahnhof entfernt) liegt.

Fährt man von Siuntio in Richtung Nordwesten, gelangt man bald nach *Lohja/Lojo*, am gleichnamigen See gelegen. Die Kirche (15. Jh.) von Lohja ist berühmt wegen ihrer reichen Wand- und Gewölbebemalung aus dem frühen 16. Jahrhundert (Zyklus mit 172 Einzelbildern!).

Halikko ⑦, ein seit 1330 selbständiges Kirchspiel der Landschaft «Eigentliches Finnland», hat einige sehr schöne Herrenhöfe innerhalb seiner Gemarkung, beispielsweise das Gut *Wiurila*, dessen Corps de logis (erbaut 1806 bis 1811 von Charles Bassi), zusammen mit den vom berühmten Carl Ludwig Engel entworfenen Wirtschaftsgebäuden, zu den schönsten klassizistischen Herrenhöfen Finnlands zählt. – Ein weiteres, bestechend schönes Beispiel für die klassizistische Adelsarchitektur auf dem Land ist das Herrenhaus des Guts

Åminne/Joensuu (1811 von C.G. Gjörwell und Charles Bassi umgebaut und erweitert) und die beeindruckende Feldsteinkirche Sankt Birgitta von 1440. – Südlich der Straße Nr. 1 schließt sich die Stadt *Salo* an Halikko an. Vom Kirchhügel von *Uskela* hat man eine besonders schöne Aussicht über die Stadt. Die Kirche von Uskela ist ein Werk des omnipräsenten Carl Ludwig Engel von 1831. – Einen Umweg wert ist ein Besuch im Yrjö Liipola-Kunstmuseum in *Koski* (etwa 35 km nördlich), wo rund 170 Skulpturen des bedeutenden Bildhauers Y. Liipola (1881–1971) ausgestellt sind. – Im Süden von Halikko (etwa 25 km südlich) liegt das ebenfalls sehr alte Kirchspiel *Perniö/Bjärnå* mit seiner sehenswerten mittelalterlichen Feldsteinkirche des 13. Jahrhunderts, die im 15. Jahrhundert von Petrus de Kimito gewölbt und von der Werkstatt des Petrus Henriksson ausgemalt wurde. Auf dem Gemeindegebiet liegen zahlreiche ehemalige Eisenhämmer (zum Beispiel Tykö, Mathildedal, Koskis, Näsegård), die mit den dazugehörigen Herrenhöfen, dem Werkskirchlein, den Schmieden und Werkstätten, den Wohnhäusern der Arbeiter idyllische Zeugen finnischer Wirtschaftsgeschichte darstellen. Besonders sehenswert ist *Koskis* (10 km östlich von Perniö) mit dem Herrenhof (Kosken kartano) aus rotbemaltem Holz (1731), einer kleinen Kirche und einer Allee. Auch *Tykö/Teijo* (15 km nordwestlich von Perniö), ein 1686 gegründeter Eisenhammerort mit einem der schönsten Rokoko-Herrenhäuser (1770 von C.F. Schröder) sowie der kleinsten Steinkirche Finnlands, lohnt einen Abstecher.

Hanko/Hangö ⑧ ist Finnlands südlichste Stadt, die Sommerstadt par excellence. Die Fremdenverkehrstradition geht auf das 19. Jahrhundert zurück, als Hangö ein ziemlich mondänes Seebad für Petersburger, baltische und finnländische Aristokraten und das reiche Bürgertum war. Aus dieser Zeit stammt noch das imposante «*Restaurant Casino*» (1879). Sehenswert sind auch die neugotische *lutherische Kirche* (1892 von Jac. Ahrenberg) und die *orthodoxe Kirche* (1896) mit ihren schönen Ikonenmosaiken von Ina Colliander. – Hanko hat aber auch eine militärische Geschichte: Wegen seiner strategischen Bedeutung wurde es immer wieder befestigt. Nach dem Winterkrieg 1940 mußte Finnland die Stadt für dreißig Jahre an die Sowjetunion verpachten; 1941 eroberten die Finnen das Gebiet zurück, und beim Waffenstillstand 1944 wurde Hankos Zugehörigkeit zu Finnland bestätigt. Hanko ist heute Finnlands einziger Freihafen und prosperiert auf allen Gebieten. Bedeutende Veranstaltungen sind alljährlich im Juli die Internationale *Hanko-Regatta*.

Naantali/Nådendal ⑨ erhielt seinen Namen von dem 1443 angelegten Kloster Vallis Gratiae («Gnadental») des Birgittenordens, das schon hundert Jahre später durch die Reformation aufgelöst wurde. Die Stadt kämpfte mehrere Jahrhun-

Hotels und Kurhäuser aus dem 19. Jahrhundert in den Küstenstädten im Süden Finnlands, in Tammisaari (oben), Hanko (links unten) und Naantali (rechts unten). Diese Städte mit ihrer ansprechenden Holzarchitektur waren bis zum Ersten Weltkrieg mondäne Seebäder, die vor allem von russischen, baltischen und finnländischen Aristokraten und reichen Bürgern besucht wurden. Sie sind auch heute noch beliebte Erholungsorte.

derte lang um ihr wirtschaftliches Überleben, bis 1723 die Entdeckung einer Heilquelle Naantali allmählich zu einem beliebten Kur- und Erholungsort werden ließ. Zwischen Naantali und dem schwedischen Ort Kapellskär nördlich von Stockholm besteht seit 1967 eine preisgünstige Fährverbindung. *Sehenswürdigkeiten*: Von dem ehemaligen Kloster blieb nur die Kirche bestehen, deren Architektur der Bautradition des Birgittenordens folgte, die auf die Offenbarungen der heiligen Birgitta von Schweden zurückgeht. Die Kirche besitzt mehrere wertvolle mittelalterliche Inventarien. – Außer der ehemaligen Klosterkirche ist die schöne Altstadt in Naantali mit Holzhäusern aus dem 18. und 19. Jahrhundert sehenswert. Auf der Naantali vorgelagerten Insel *Luonmaa* liegt das Schloß *Kultaranta*, die Sommerresidenz der finnischen Staatspräsidenten.

Pori/Björneborg ⑩, heute eine bedeutende Industrie- und Hafenstadt, wurde im 16. Jahrhundert anstelle von Ulvila Ulfsby angelegt, das durch die Landhebung seine Hafenfunktionen nicht mehr ausüben konnte. Auch Pori liegt heute rund zwanzig Kilometer vom Meer entfernt. Sehenswert sind hier die neugotische *Keski-Pori-Kirche* am Südufer des Kokemäenjoki (1863 von C. J. v. Heideken und G. Th. Chiewitz), das *Rathaus* im Empirestil am Nordende der städtischen Anlage *Pohjoispuisto* (1839 bis 1841 von C. L. Engel), das *Stadthaus* von 1895 (Hallituskatu 12) – ehemaliges Privatpalais eines Apothekers im Stil italienischer Renaissancepalazzi –, das herrliche Neurenaissance-*Theater* (Hallituskatu 14) von 1884 und das *Juselius-Mausoleum* auf dem Friedhof *Käppärä*, das ein reicher Industrieller 1898 für seine elfjährig verstorbene Tochter errichten und von dem berühmten Maler Akseli Gallen-Kallela mit eindrucksvollen Fresken versehen ließ. Äußerst interessant sind auch das *Kunstmuseum* (Eteläranta) mit einer bedeutenden Kollektion moderner finnischer Kunst sowie das *Landschaftsmuseum von Satakunta* (Hallituskatu 11), das als größtes Regionalmuseum Finnlands gilt. Die Flußinsel *Kirjurinluoto* ist alljährlich im Juli Schauplatz des international renommierten *Pori-Jazzfestivals*.
Ausflüge: Die Insel *Reposaari* (24 km nordwestlich von Pori) war früher ein wichtiger Außenhafen von Pori. Erst 1956 erhielt die Insel eine Brückenverbindung mit dem Festland. Heute ist sie mit ihrer idyllischen Holzbebauung ein beliebtes Ausflugsziel. – 14 Kilometer nördlich von Pori, in *Noormarkku*, wurde die *Villa Mairea* zu einem Wallfahrtsort für Architekturkenner. 1937 bis 1939 baute Alvar Aalto das Landhaus für die Kunstmäzenin Maire Gullichsen.

Pargas/Parainen ⑪ ist der Zentralort (seit 1977 mit Stadtrechten) für den überwiegend schwedischsprachigen Schärengarten von Åboland. Sehenswert sind die mittelalterliche Kirche Sankt Per des frühen 14. Jahrhunderts mit einem *Kirchenmuseum in der Agricolakapelle* (u. a. ein Exemplar der ersten gedruckten finnischen Bibel) sowie das *Freilichtmuseum*, in dessen Kirjala-Hof (17. Jh.) ein Kuriosum, der Lenin-Gedenkraum, zu besichtigen ist: Der russische Revolutionär hatte hier 1907 auf seiner Flucht nach Neapel übernachtet. *Ausflüge*: Landschaftlich und kulturhistorisch einmalig ist eine Fahrt auf der Straße 180 in den Schärengürtel. Zahlrei-

che Brücken und (kostenlose) Kurzfähren stellen die Verbindung zwischen den Inseln her. Dabei kann man die Ruinen der mittelalterlichen Bischofsburg von *Kuusisto* (13 km nördlich von Pargas) besichtigen oder die Burg *Qvidja* (10 km nordöstlich) auf der Insel *Lemlax*, den früheren Stammsitz des Geschlechts Fleming aus dem 15. Jahrhundert. Etwa zwanzig Kilometer südlich von Pargas liegt die Gemeinde *Nagu* mit ihrer schönen Feldsteinkirche aus dem späten Mittelalter. Weiter südlich kommt man nach *Korppoo*, wo die Sankt-Michaels-Kirche des 14. Jahrhunderts mit ihrem sehenswerten Innern zu einem Besuch einlädt. Das kleine *Houtskär* ist der Endpunkt der Schärenstraße 180.

Rauma/Raumo ⑫ ist die drittälteste Stadt Finnlands (1442), geht aber auf einen noch älteren Handelsplatz zurück. Schon um 1400 hatten die Franziskaner ein Kloster in Rauma gegründet, ein Umstand, der auf die wirtschaftliche Bedeutung des Ortes hinweist: In armen Gegenden hätten die Bettelmönche ihr Leben nicht fristen können. Von dem Franziskanerkloster, das bis 1538 bestand, ist heute nur noch die *Heilig-Kreuz-Kirche* (um 1449) erhalten geblieben. Die Altstadt von Rauma geht noch auf den mittelalterlichen Stadtplan zurück, jedoch stammen die ältesten Häuser erst aus der Zeit nach dem großen Stadtbrand von 1682. Weiterhin sehenswert: *Altes Rathaus* (am Marktplatz) aus dem Jahr 1777, heute Sitz des Stadtmuseums. – Die «Spitzenwoche» Ende Juli ist einer Raumaer Spezialität, dem Klöppeln, gewidmet; Ausstellungen und Konzerte ergänzen die Festwoche.

Turku/Åbo ⑬ ist Finnlands älteste und heute viertgrößte Stadt und war über Jahrhunderte hinweg geistiges und politisches Zentrum des Landes. An der Mündung des Aura-Flusses in den Bottnischen Meerbusen bestand schon zur Wikingerzeit ein Handelsplatz. Als Stadtgründungsjahr wird heute 1229 angenommen, als Papst Gregor IX. die Verlegung des Bischofssitzes von Nousiainen ins heutige Stadtgebiet von Turku genehmigte. Ende des 13. Jahrhunderts entstanden der Dom und das Schloß, die beiden Machtpole des mittelalterlichen Finnland. 1640 gründete der schwedische Generalgouverneur Per Brahe in Turku die erste Universität Finnlands, die Academia Aboensis. Turku war zu Beginn des 19. Jahrhunderts Schwedens drittgrößte Stadt nach Stockholm und Göteborg. Nachdem Schweden 1809 gezwungen war, Finnland an den Zaren abzutreten, verlor Turku seine zentralen Funktionen an Helsinki, das 1812 von Zar Alexander I. zur neuen finnischen Hauptstadt bestimmt wurde. Als nach einem verheerenden Brand 1827 auch noch die Universität nach Helsinki verlegt wurde, sah Turku einer scheinbar düsteren Zukunft entgegen. Die wirtschaftliche Entwicklung ab der Mitte des 19. Jahrhunderts verlief jedoch glänzend: Schiffahrt, Industrie und Handel prosperierten. Seit den zwanziger Jahren unseres Jahrhunderts gibt es wieder zwei Universitäten in der Stadt. Die zahlreichen Fährverbindungen machten Turku zum Haupteingangstor für den Besucherverkehr nach Finnland. Es lohnt sich auf jeden Fall, der Stadt einige Tage zu widmen und Ausflüge in ihre kulturträchtige Umgebung zu unternehmen.

Links oben: Etwa 30 Kilometer nördlich von Uusikaupunki (Nystad) liegt Pyhämaa mit der sogenannten Opferkirche, einer bedeutenden Wallfahrtskirche. Sie zählt wegen ihrer Wand- und Deckenmalereien aus dem 17. Jahrhundert zu den interessantesten Kirchen in Finnland.

Links unten: Die Altstadt von Rauma (Raumo) besteht zu einem großen Teil noch aus der Holzbebauung des 17. Jahrhunderts.

Mitte: Winterstimmung im Hafen von Turku (Åbo).

Rechts oben: Windmühlen in der Umgebung von Uusikaupunki.

Rechts unten: Die mittelalterliche Feldsteinkirche in der Schärengemeinde Korpoo.

Zu den vielen Sehenswürdigkeiten Turkus zahlen natürlich vor allem die *Domkirche*, das bedeutendste mittelalterliche Bauwerk des Landes, mit zahlreichen Kunstschätzen, das *Schloß* von Turku, das bis ins 16. Jahrhundert hinein ausgebaut und vergrößert wurde und heute in restauriertem Zustand das Landschaftsmuseum Turku beherbergt; die klassizistischen *Universitätsgebäude* im Domviertel sowie die zahlreichen Museen, so das Handwerksmuseum *Luostarinmäki* mit seinen historischen Werkstätten in einem Viertel, das der große Stadtbrand von 1827 verschont hatte; das sehr bedeutende *Kunstmuseum* im Puolala-Park, das *Quensel-Haus* mit Apothekermuseum (Läntinen Rantakatu 13), das großartige musikhistorische *Sibelius-Museum* (Piispankatu 17) oder das *Wäinö-Aaltonen-Museum* (Itäinen Rantakatu 38), das dem Werk des bedeutenden finnischen Bildhauers gewidmet ist. Turkus Kulturprogramm ist das ganze Jahr über sehr reichhaltig. Höhepunkt im Programm sind die jährlich Mitte August stattfindenden Musikfestspiele.

Ausflüge von Turku aus: Von den zahlreichen sehenswerten Kirchen, Burgen und Herrensitzen der Umgebung können hier nur ganz wenige genannt werden: In der kleinen Landgemeinde *Askainen* (etwa 25 km nordöstlich) liegt an der Virmo-Bucht einer der prächtigsten Herrensitze Finnlands. *Schloß Villnäs/Louhisaari*, eine barocke Anlage im Stil des niederländischen Palladianismus. Das Schloß mit seinem kostbaren Interieur ist als Museum zugänglich. Auf Schloß Villnäs kam 1867 der spätere finnische Staatspräsident Freiherr Carl Gustav Mannerheim zur Welt. Sehenswert ist auch die Kirche von Askainen (1653), die lange Zeit auch als Schloßkirche diente und dementsprechend prunkvoll ausgestattet ist. – *Nousiainen* (etwa 20 km nördlich) war der erste finnische Bischofssitz (bis 1229). Die Kirche der Gemeinde stammt vom Ende des 13. Jahrhunderts und gehört zu den größten Sehenswürdigkeiten Finnlands. Sie ist die Grabkirche des finnischen Nationalheiligen Henrik, der 1158 das Martyrium erlitt. Das Kenotaph des Heiligen, eine flämische Arbeit aus der Zeit um 1420, gilt als das bemerkenswerteste mittelalterliche Kunstdenkmal Finnlands. – Die Kirche im rund zehn Kilometer nördlich von Nousiainen gelegenen *Mynämäki* stammt ebenfalls vom Ende des 13. Jahrhunderts. Sie enthält viele schöne Inventarstücke, darunter ein bemerkenswertes Adels-Grabmonument des 17. Jahrhunderts.

Uusikaupunki/Nystad ⑭ ist der Ausgangspunkt für zahlreiche lohnende Ausflüge; beispielsweise nach *Pyhämaa* (25 km nördlich), wo eine der schönsten Kirchen Finnlands zu finden ist: Die *Opferkirche* mit herrlichen Wand- und Deckenmalereien von Christian Wilbrandt von 1667. – In *Kalanti* (8 km nordöstlich) ist die mittelalterliche Feldsteinkirche aus dem 14. Jahrhundert sehenswert. Ihre spätgotischen Kalkmalereien stammen von der Hand des Petrus Henriksson (1471), der die «Kalanti-Schule» begründete. – Weitere schöne spätmittelalterliche Kirchen stehen in *Laitila* (18 km nordöstlich), *Taivassalo* (35 km südlich) und *Vehmaa* (22 km südöstlich), das weithin für seinen roten Granit *Balmoral Red* berühmt ist (Museum für Steinarbeit in Vehmaa).

Links unten: Ikone der Kreuzigung Christi im Kloster Valamo bei Heinävesi, dem Zentrum der russisch-orthodoxen Kirche in Finnland. Die Ikone mit der Darstellung der Kreuzigung Christi ist einer der vielen kostbaren Kultgegenstände, die aus dem heute in Rußland liegenden Stammkloster Valamo gerettet wurden. Nach dem Zweiten Weltkrieg flohen russisch-orthodoxe Mönche aus Karelien nach Heinävesi. Sie gründeten dort eine Klostergemeinschaft, die nach ihrem Stammkloster am Ladogasee benannt wurde. 1944 schlossen sich der neuen Gemeinschaft Uusi-Valamo Mönche aus dem Kloster Petsamo am Eismeer an. Im nahegelegenen Lintula gründeten karelische Nonnen ein Frauenkloster. In den achtziger Jahren entstand im Valamo-Kloster ein großes Kulturzentrum.

Links oben und Bilder in der Mitte: Das Handwerksmuseum Luostarinmäki in Turku. Originalgetreu sind hier in historischen Holzhäusern etwa 30 Werkstätten eingerichtet, die einen Eindruck von der Lebens- und Arbeitswelt der Handwerker im 18. und 19. Jahrhundert vermitteln. Rechts: Das Museum in der Wahlberg-Villa in Uusikaupunki, einem beeindruckenden Holzbau aus dem 19. Jahrhundert, besitzt eine sehr interessante kulturhistorische Sammlung. Sehenswert sind hier neben einer Sammlung zur finnischen Volkskunde besonders die Abteilung zur Seefahrtsgeschichte (auf der oberen Abbildung eine Galionsfigur) und die einstigen Wohnräume der Villa des Zigarettenfabrikanten und Reeders F. W. Wahlberg mit ihrem historischen Mobiliar (unten).

RAPUKESTI – EIN BLICK ZURÜCK IN WEHMUT

«Die Krebse sind auch nicht mehr das, was sie einmal waren.» Kaarlo blickte betrübt auf sein Schnapsglas mit eiskaltem Koskenkorva, schaute dann wenig ermunternd in die Runde, hob das Glas – wir taten ihm nach – und sagte: «Kippis! Auf die guten alten finnischen Krebse, von denen man sich früher dreißig Stück leisten konnte.»

Tatsächlich ist es heute so, daß man sich in Helsinki und in ganz Finnland beim traditionellen Krebsessen immer häufiger mit eingeführten Krebsen begnügen muß, zum Beispiel Krebsen aus der Türkei, aber auch aus anderen Ländern.

Noch in den sechziger und siebziger Jahren, also vor gar nicht allzu langer Zeit, waren finnische Krebse wohlfeil. Aber schon damals beschwerten sich alle über die hohen Preise.

Anfang des Jahrhunderts sah es noch ganz anders aus. Da hat es in den finnischen Flüssen und Seen von Krebsen nur so gewimmelt. Was heute als Delikatesse gehandelt wird, war damals noch eine Volksnahrung, besonders in den Monaten Juli und August, wenn diese Schalentiere am besten schmecken. Der Bedarf stieg, und die Bestände gingen zurück. Das endgültige Aus für die bei Feinschmeckern so beliebten Tierchen kam jedoch mit der Krebspest. Niemand weiß

genau wann und vor allem warum sie ausbrach. Vermutlich war es eines der ersten Warnzeichen: Verminderte Resistenz durch zunehmende Umweltverschmutzung. So wurden lebende Krebse aus allen Weltgegenden importiert und ausgesetzt. Kein Stamm hielt sich. Zwar starben die Krebse nicht ganz aus, aber sie wurden weniger, was zur Folge hatte, daß sie auch immer teurer gehandelt wurden.

Nichtsdestotrotz hat das Rapukesti, das Krebsfest, als beliebtes gesellschaftliches Ereignis bis heute große Bedeutung. Da werden die Zimmer dekoriert, bunte Lampions und Papierschlangen über dem Tischtuch ausgebreitet, Papierlätzchen angelegt und manchmal werden sogar Papierhüte aufgesetzt. Schon geht es los. Zunächst kommt das Brot, meist handelt es sich um gewöhnlichen Toast, und dann kommen die heißbegehrten Krebse auf den Tisch. Die Tierchen mit dem harten braunen Panzer wurden in kochendes Salzwasser geworfen und haben erst dadurch die rote Färbung erhalten. Gekonnt schält man hier das Fleisch mit dem Krebsmesser aus dem Panzer, das Fleisch in den Klauen und am Schwanz ist besonders geschätzt. Dann schlürft man das Salzwasser in sich hinein. Nachgespült wird mit einem kräftigen Schluck Bier.

Kein Wunder, daß bei einem solchen Festmahl, verbunden mit reichlichem Koskenkorvakonsum, meist beste Stimmung herrscht. Guten Appetit und «Kippis!» *Reinhold Dey*

Kinder auf Krebsfang für Rapukesti (oben). – Mit Lätzchen und flotten Trinksprüchen: Krebsessen in der «guten alten Zeit» (unten).

Südostfinnland

Hamina/Fredrikshamn ⑮, das auf dem mittelalterlichen Handelsplatz Vehkalahti/Veckelax zurückgeht, wurde 1721 als Ersatz für die an Rußland verlorene Grenzfestung und Handelsmetropole Wiborg (Viipuri/Viborg) ausersehen. Man errichtete eine bastionierte Radialfestung, die Hamina ihren für Nordeuropa einmaligen Stadtplan verlieh. Vom *Rathausplatz* mit dem stattlichen Rathaus (1798; 1840 von Engel im Empirestil renoviert) gehen strahlenförmig acht Straßen aus, die von zwei Ringstraßen verbunden werden. Acht Bastionen, die noch zu achtzig Prozent erhalten sind, bilden einen Ring um die Stadt. Am Rathausplatz ragen die *lutherische Kirche*, ein klassizistischer Bau von Carl Ludwig Engel (1838–1843), und die orthodoxe *Peter-Pauls-Kirche* von Louis Visconti (1835–1837) heraus.

Kotka ⑯. Auf dem Gebiet der heutigen Hafen- und Industriestadt an der Mündung des Kymijoki, die auf mittelalterliche Handelsplätze und einen schwedischen Königshof (Kymmene gård) des 14. Jahrhunderts zurückgeht, war im

Straße im Gebiet des Saimaasees.

18. Jahrhundert von Rußland eine mächtige Festung aufgebaut worden (Landfestung Kyminlinna/Seefestung Ruotsinsalmi), die während des Krimkriegs im Jahr 1855 von der britischen Kriegsmarine völlig zerstört wurde. (Reste der Seefestung, die Ruinen des Fort Elisabeth, sind heute noch auf der Kotka vorgelagerten Insel *Varissaari* zu besichtigen.) Heute ist Kotka Finnlands größter Exporthafen. Sehenswert sind in Kotka die orthodoxe *Nikolaikirche* im Stadtpark, ein klassizistisches Gebäude aus dem Jahr 1795, das als einziges den englischen Angriff von 1855 heil überstand. An den Stromschnellen von *Langinkoski* (5 km nördlich) baute der finnische Staat 1889 eine prächtige Holzvilla, die sogenannte Kaiserliche Fischerhütte, als Geschenk für Zar Alexander III. (heute Museum). – Im 1977 eingemeindeten Stadtteil *Karhula* ist während der Sommermonate ein vom berühmten finnischen Glasdesigner Tapio Wirkkala gestaltetes Glasmuseum zu besichtigen.

Die Zellulosefabrik Sunila mit den dazugehörigen Wohnanlagen für Arbeiter und Angestellte zählt zu Alvar Aaltos bedeutendsten Werken (1936–1939). Sehr lohnenswert sind besonders Schiffsausflüge in das Schärengebiet vor Kotka, beispielsweise nach *Haapasaari*.

Kouvola ⑰ ist die Hauptstadt der Provinz Kymi und wird wohl nur von Kennern moderner Architektur als verweilenswert betrachtet. Sehenswert sind die *Kirche*, 1978 als moderne Stahlkonstruktion unter dem Einfluß Mies van der Rohes verwirklicht (Architekt Jaakko Laapotti), das *Stadthaus* (1964 von Bertel Saarnio und Joha Leiviskä), das *Stadttheater* (1960), das *Kouvola-Haus*, ein Mehrzweckgebäude (1982), und die *Stadtbibliothek* (1971). – Wer einen Eindruck von der alten finnländischen Adelskultur bekommen möchte, sollte die Herrenhöfe von *Anjala*, *Wredeby*, *Moisio* und *Mustila* im Süden und Südwesten von Kouvola besuchen. Der Herrenhof Anjala (26 km südlich) ist vor allem durch die Verschwörung finnisch-schwedischer Offiziere gegen König Gustav III. (1788) in die Geschichtsannalen gerückt. Er war der Hauptsitz der Adelsfamilie Wrede, die große Besitzungen im Kymmenetal innehatte. Das Carl-Henrik-Wrede-Museum auf Anjala zeigt Porträtskulpturen des jung verstorbenen Bildhauers Callu Wrede (1890–1924). – Der Herrenhof Wredeby in Anjala, auf einem Plateau mit herrlicher Aussicht über dem Kymijoki gelegen, ist heute ein erstklassiges Hotel. – In der südwestlich von Kouvola gelegenen Gemeinde *Elimäki*, die lange Zeit ein Baronat im Besitz des Geschlechts der Wrede war, liegen der Herrenhof Moisio, dessen Corps de logis Carl Ludwig Engel im Jahr 1820 entwarf, sowie der Herrenhof Mustila (Corps de logis von 1754; seit 1901 im Besitz der Adelsfamilie Tigerstedt) mit seinem berühmten *Arboretum* (Baumgarten), das in Nordeuropa als einmalig gilt.

Lappeenranta/Villmanstrand ⑱. Der bereits im Mittelalter bedeutende Handelsplatz erhielt 1649 von Per Brahe die Stadtrechte verliehen. Nachdem die Stadt zwischen 1710 und 1721 schon einmal russisch war, fiel sie 1743 zusammen mit anderen südostkarelischen Städten und Gemeinden wieder an das Zarenreich. Lappeenranta wurde Teil eines dreifachen Festungsgürtels, den die Russen in Südostfinnland zogen. 1812 wurde es wieder mit dem jetzt russischen Großfürstentum Finnland vereinigt. Im 19. Jahrhundert entwickelte sich die herrlich am Südufer des Saimaa gelegene Stadt zu einem mondänen Badekurort, der besonders beim russischen Adel beliebt war. Lappeenranta ist heute in jeder Hinsicht Zentrum des bei Finnland verbliebenen Südkarelien. *Von touristischem Interesse*: Die *Lappee-Kirche* im Zentralpark (von 1794) ist eine Doppelkreuzkirche des karelischen Kirchenbaumeisters Juho Salonen. Die *Marienkirche* im alten Festungsviertel Linnoitus ist die älteste orthodoxe Kirche in Finnland (1785). Am Nordende der Festung liegt das *Südkarelische Museum* (Kristiinankatu 2) mit reichen Sammlungen zur südkarelischen Kulturgeschichte (auch zur Geschichte der Stadt Wiborg, die seit 1944 zu Rußland gehört). Angegliedert ist das *Kunstmuseum*. Ein *Kavalleriemuseum* ist im ältesten Gebäude der Stadt, der Festungswache von 1772, untergebracht. *Ausflüge*: Lappeenranta ist das Zentrum des finnischen Seentourismus. Zahlreiche Schiffsrouten führen über den Saimaa (etwa bis nach Savonlinna). Sehr interessant ist eine Schiffsfahrt auf dem 1856 fertiggestellten *Saima-Kanal* nach Wiborg (Viipuri/Viborg), der alten karelischen Hauptstadt. *Wiborg*, mit seiner prächtigen mittelalterlichen Burg aus dem 13. Jahrhundert, einem Eckpfeiler der schwedischen Herrschaft in Karelien, war lange Zeit sehr kosmopolitisch geprägt: Neben dem schwedischen, finnischen und russischen Bevölkerungsanteil spielten deutsche Bürger in Handel und Gesellschaftsleben eine wichtige Rolle.

Loviisa/Lovisa ⑲ wurde 1745 auf der Gemarkung des alten Sattelguts Degerby gegründet und war als Ersatz für die 1743 an Rußland gefallene Festung und Hafenstadt Hamina gedacht. Nach Plänen von Augustin Ehrensvärd entstand die Seefestung *Svartholm* auf der 13 Kilometer südlich gelegenen Insel, deren Ruinen während des Sommers besichtigt werden können. Die Bastionen *Ungern* und *Rosen* im Nordosten der Stadt sind noch relativ gut erhalten. Im 19. Jahrhundert war Loviisa, das nach der schwedischen Königin Lovisa Ulrika, einer Schwester Friedrichs des Großen, benannt ist, ein beliebter Kurort. Nach einem Stadtbrand im Jahr 1855 baute der Architekt Georg Theodor Chiewitz das Zentrum wieder auf. Seine bedeutendsten Werke sind die Kirche sowie das Rathaus. Weiterhin sehenswert sind die *Altstadt* mit Holzbauten des 18. und 19. Jahrhunderts (Sepänkatu, Lyhytkuja), die vom Stadtbrand verschont wurden, das *Stadtmuseum* (Puistokatu 2) befindet sich im «Kommandantenhaus» von 1755.

Straßenzug in der Altstadt von Porvoo (Borgå).

Ausflüge: Auf dem Gebiet der mehrheitlich schwedischsprachigen Gemeinde *Pernå/Pernaja* (10 km westlich) liegen zahlreiche interessante Schlösser und Herrenhöfe: *Forsby*, *Malmgård* (ein Neurenaissance-Schloß von 1886), Schloß *Sarvlax* aus dem 17. Jahrhundert oder *Tjusterby*, ein Herrenhaus im normannischen Stil von 1867. – Pernå/Pernaja ist der Geburtsort des finnischen Reformators Mikael Agricola (1510 bis 1557). Die mittelalterliche Feldsteinkirche von Pernå aus dem 14. Jahrhundert wurde im 15. Jahrhundert eingewölbt und erhielt zu dieser Zeit ihre schönen Backsteingiebel. Östlich von Loviisa, in *Ruotsinpyhtää*, liegt das im Jahr 1698 gegründete ehemalige Eisenwerk Strömfors, dessen Industriemilieu des 18. und 19. Jahrhunderts sich – aus heutiger Betrachtungsweise – idyllisch und beschaulich präsentiert und auf jeden Fall einen Besuch wert ist.

Porvoo/Borgå ⑳ ist nach Turku die zweitälteste Stadt Finnlands. Sie bekam ihre Privilegien 1346 von König Magnus Eriksson verliehen. Im Lauf der Jahrhunderte wurde Porvoo mehrere Male durch Kriegseinwirkung und Stadtbrände zerstört, so im Jahr 1760, als ein verheerender Brand zwei Drittel der alten Holzbebauung vernichtete. Im Dom zu Porvoo hatte 1809 der neue Landesherr, Zar Alexander I., feierlich geschworen, daß er sich an die in Finnland bestehende Rechtsordnung halten würde – worauf die finnischen Stände ihm als ihrem Großfürsten huldigten.

Porvoo hat sich bis heute einen idyllischen Kleinstadtcharakter bewahrt. Die Mannerheiminkatu trennt die Alt- von der Neustadt. Der Plan der Altstadt ist noch mittelalterlich, die Gebäude stammen jedoch überwiegend aus der Zeit nach dem Stadtbrand von 1760. Am Ufer des Porvoonjoki stehen die vielfotografierten rotgestrichenen *Speicherhäuser*. Die *Domkirche*, auf einer Anhöhe im Zentrum der Altstadt von Porvoo, stammt in ihrer jetzigen Form aus der Mitte des 15. Jahrhunderts. Ihre schönen Sterngewölbe und der prächtige Backsteinblendenschmuck sind das Werk des Rostocker Baumeisters Carsten Nübuhr.

Die *Neustadt* von Porvoo südlich der Mannerheiminkatu entstand ab 1832 nach einem regelmäßigen Stadtplanentwurf von Carl Ludwig Engel. Die einheitlich einstöckige Holzbebauung im Empirestil ist heute allerdings nur mehr in Teilen erhalten. Hier liegen beispielsweise das *Runeberg-Haus* (Runeberginkatu 20), in dem der finnische Nationaldichter Johan Ludvig Runeberg (1804–1877) von 1852 bis zu seinem Tod lebte, sowie das Haus seines Sohns, des Bildhauers Walter Runeberg, dessen *Skulpturensammlung* (Aleksanterinkatu 5) unbedingt einen Besuch lohnt.

Weitere Museen sind das *Historische Museum* im alten Rathaus von 1764 (Raatihuoneentori) mit einer Dokumentation über die künstlerische Produktion der von 1897 bis 1902 hier ansässigen Kunstgewerbefabrik «Iris» des Grafen Louis Sparre, die erlesene Jugendstilmöbel und -keramik herstellte. Das *Edelfelt-Vallgren-Museum* (Välikatu 11) zeigt in einer umfassenden Sammlung Werke des Malers Albert Edelfelt (1854–1905) und des Bildhauers Ville Vallgren (1855–1940).

Borgå war vor allem ein wichtiges Kulturzentrum für die schwedischsprachigen Finnländer, die heute mit rund vierzig Prozent in der Stadt immer noch stark vertreten sind.

Oben und unten: Loviisa (Lovisa), Küstenstadt im Südosten, nach der schwedischen Königin Lovisa Ulrika, einer Schwester Friedrich des Großen benannt, wurde nach einem verheerenden Stadtbrand im 19. Jahrhundert nach Plänen des Architekten Georg Theodor Chiewitz neu aufgebaut.

Hämeenlinna/Tavastehus ㉑. Der Bau einer Burg Ende des 13. Jahrhunderts war der Grund für das allmähliche Entstehen der Siedlung, die 1639 ihre Stadtrechte verliehen bekam. Als 1831 ein Brand drei Viertel der Stadt zerstörte, erfolgte ihr Wiederaufbau vorwiegend im Holzempire. Leider ist von dieser Holzbebauung heute nicht mehr viel übriggeblieben. *Sehenswert*: Die mittelalterliche *Burg* wurde im 14. und 15. Jahrhundert zu ihrer heutigen Form ausgebaut. Besonders schön sind die reich ornamentierten Backsteinfassaden des Burghofs und dessen kunstvoll profiliertes Hauptportal. – Die Kirche am Marktplatz ist eine *Pantheon-Rundkirche*, die der italienbegeisterte schwedische König Gustav III. von seinem Hofarchitekten Louis-Jean Desprez errichten ließ (1792–1798). – Am Marktplatz das schöne Empiregebäude der *Provinzverwaltung* von Carl Ludwig Engel (1832) und das Neurenaissance-Rathaus von Alfred Cawén (1896).

In Hämeenlinna wurde 1865 Jean Sibelius, der weltberühmte Komponist, geboren. Sein Geburtshaus (Hallituskatu 11) ist heute Museum. Weitere Museen: Das *Historische Museum* (Lukiokatu 6) und das *Kunstmuseum* (Viipurintie 2). *Ausflüge*: Unbedingt zu empfehlen ist ein Abstecher zur Kirche des Heiligen Kreuzes im zehn Kilometer nördlich gelegenen *Hattula*, neben dem Dom zu Turku und der Burg von Hämeenlinna der einzige mittelalterliche Backsteinbau Finnlands. Berühmt ist die Kirche wegen ihrer ungewöhnlich reichen Ausmalung des 16. Jahrhunderts und zahlreicher Holzskulpturen. – In *Iittala* sind die Glasfabrik und das Glasmuseum einen Besuch wert. Das 1881 gegründete Unternehmen ist der bedeutendste Glasproduzent Skandinaviens. Die besten Designer Finnlands (Tapio Wirkkala, Timo Sarpaneva, Kaj Franck) machten Iittala-Glas in aller Welt bekannt.

Heinävesi – Uusi Valamo ㉒. Sehr lohnend und beeindrukkend ist ein Besuch der beiden orthodoxen Klöster *Uusi Valamo* und *Lintula* im nördlichen Gemeindegebiet. – Das «neue Valamo» ist ein orthodoxes Männerkloster mit uralten Traditionen. 1329 hatte der heilige Sergej das Kloster auf der Insel Valamo im Ladogasee gegründet. Im Lauf der Jahrhunderte entwickelte sich eine blühende orthodoxe Klostergemeinschaft. Zu Anfang des 20. Jahrhunderts lebten über tausend Mönche und Novizen auf der Klosterinsel. Nach der russischen Revolution und der Erklärung der finnischen Unabhängigkeit war der Weg für russische Pilger versperrt, doch begann Valamo zunehmend Finnen und ausländische Pilger sowie Touristen anzuziehen. 1940, im finnischen Winterkrieg, mußten die Mönche flüchten. Sie ließen sich in Heinävesi am See Juojärvi (4 km nördlich der Hauptstraße Varkaus–Joensuu) nieder. Die Klosterkirche im byzantinisch-russischen Stil (1977) enthält zahlreiche Kostbarkeiten aus dem alten Ladogakloster. – In der Nähe siedelte sich im Dorf Palokki das orthodoxe Frauenkloster Lintula an, das ursprünglich auf der karelischen Landenge beheimatet war, die wie Ladogakarelien 1944 an die Sowjetunion ging.

Blick in die Wallfahrtskirche zum Heiligen Kreuz in Hattula mit ihren interessanten Wandmalereien aus dem 16. Jahrhundert.

Joensuu ㉓ wurde 1848 an der Mündung des Pielisjoki in den Pyhäselkäsee gegründet und ist heute das Zentrum Nordkareliens. Interessant sind die *neugotische Backsteinkirche* (1903), die orthodoxe *Nikolai-Kirche*, ein Holzbau von 1887, das wuchtige *Stadthaus* des berühmten Architekten Eliel Saarinen (1914) mit dem *Freiheitsmonument* von Yrjö Liipola (1923) davor; *Pielisjoenlinna* auf der Insel Niskasaari, ein ehemaliges Getreidemagazin von 1852, beherbergt heute das Karelien-Institut der Universität. Im *Karelien-Haus* auf der Flußinsel Ilosaari (Siltakatu 1) befindet sich das *Provinzmuseum von Nordkarelien* mit umfangreichen Sammlungen, die auch das russische Ladogakarelien umfassen.

Zu den beliebtesten Sommerereignissen in Joensuu zählt das *Karelische Sängerfest* auf der überdachten Chorwiese in Joensuu, das Mitte Juni stattfindet.

Ausflüge: Das 72 Kilometer östlich nahe der russischen Grenze gelegene *Ilomantsi* ist eine Hochburg orthodoxen Glaubens und im Sommer Ziel zahlreicher Pilger und Touristen, die an den farbenprächtigen *Prazdnik-Kirchenfesten* teilnehmen (19./20. Juli). Gleichzeitig wird hier die Tradition der Runensänger gepflegt. Im *Haus des Runensängers* auf dem Berg Parppeinvaara kann man sich mit der karelischen Liedtradition vertraut machen, aus der das finnische Nationalepos Kalevala hervorgegangen ist (siehe Seite 43).

Jyväskylä ㉔, im Norden des Päijänne-Seensystems, ist eine Schul- und Universitätsstadt par excellence (rund ein Drittel der Einwohner sind Schüler und Studenten) sowie Austragungsort zahlreicher Kongresse, kultureller und sportlicher Großveranstaltungen. Der Architekturfreund hat hier Gelegenheit, zahlreiche Gebäude von Alvar Aalto aus allen seinen Schaffensperioden studieren zu können, so beispielsweise das *Haus des Arbeitervereins* (Väinönkatu 7) aus seiner frühen, klassizistischen Periode (1923–1925), den Komplex der *Universität* (fünfziger bis siebziger Jahre), das Gebäude des *Museums von Mittelfinnland* (Ruusupuisto), das *Verwaltungs- und Kulturzentrum* (südöstlich des Kirkkopuisto) oder das Alvar-Aalto-Museum (Seminaarinkatu 7), das Aaltos weltweites Schaffen dokumentiert. Ebenfalls sehenswert ist das *Finnische Kunstgewerbemuseum* (Seminaarinkatu 32).

Ausflüge: In *Muurame* (14 km südlich von Jyväskylä) steht Alvar Altos erster Kirchenbau von 1928/29. Man sieht hier den Übergang vom Klassizismus zum Funktionalismus. Sehr interessant ist ein Besuch des Saunadorfs und Freilichtmuseums *Saunakylä*, in dem auch historische Saunen (die älteste von 1764) den Besuchern zum Baden zur Verfügung stehen. Das Rathaus der Gemeinde *Säynätsalo* (12 km südlich) aus rotem Backstein erinnert an ein mittelalterliches italienisches Kastell und ist eine der schönsten Anlagen von Alvar Aalto.

Kuopio ㉕ ist die Hauptstadt der gleichnamigen Provinz und altes Zentrum der historischen Landschaft Savo/Savolax. Die Stadt wurde gleich zweimal gegründet: Die erste Gründung (1652 von Per Brahe) erwies sich als nicht lebensfähig. 1782 klappte es dann beim zweiten Anlauf, und mit der Eröffnung des Saimaa-Kanals 1856, der Kuopio und das ganze ostfinnische Seensystem mit dem Finnischen Meerbusen verband, begann die wirtschaftliche Entwicklung der Stadt.

Links oben: Im Naturschutzgebiet Punkaharju bei Savonlinna liegt der Freizeitpark «Sommerland».

Links unten: Flößer am Pielinensee in Ostfinnland.

Der Markt von Kuopio ist in ganz Finnland berühmt und beliebt, auch wegen der hier angepriesenen Spezialität Kalakukko, in Roggenbrot eingebackener Fisch. Im Sommer treten auf dem Marktplatz Savolaxer Folkloregruppen auf. Vom fünfundsiebzig Meter hohen *Aussichtsturm* auf der Anhöhe Puijo hat man einen weiten Rundblick über die Savolaxer Seenplatte. Die vornehmste Sehenswürdigkeit ist zweifelsohne das *orthodoxe Kirchenmuseum* (Karjalankatu 1) mit einer in der westlichen Welt einzigartigen Sammlung von Ikonen und Sakralgegenständen, die zum größten Teil aus den jetzt zu Rußland gehörenden ehemaligen finnischen Gebieten Ost- und Südkareliens stammen. Kuopio ist auch Sitz des orthodoxen Metropoliten für ganz Finnland, mit der orthodoxen *Nikolai-Kathedrale* von 1903. – Sehenswert sind die lutherische *Domkirche*, ein Empirebau von 1815, das *Neurenaissance-Rathaus* am Markt (1884), das *Stadtmuseum* (Kauppakatu 23) sowie ein *Freilichtmuseum* (Kuopion ulkomuseo; Kirkkokatu 22), mit Empireholzhäusern des 19. Jahrhunderts.

Lahti ㉖, eine schnell wachsende, jugendlich-dynamische Stadt, liegt landschaftlich reizvoll am See *Vesijärvi* und an den Hängen des *Salpausselkä*-Höhenrückens. Neben seiner Bedeutung als wichtiges Industriezentrum ist Lahti vor allem international bekannt als Wintersportzentrum. Sehr viele Freizeit- und Sportmöglichkeiten und ein reichhaltiges kulturelles Angebot (zum Beispiel die Internationale Orgelwoche Anfang August) machen den Aufenthalt in Lahti kurzweilig.

Liebhaber moderner Kunst sollten das *Kunstmuseum* (Vesijärvenkatu 11) mit einer großen Sammlung finnischer Kunst des 19. und 20. Jahrhunderts mit Werken von Akseli Gallen-Kallela, Eero Järnefelt, Albert Edelfelt, sowie das *Plakatmuseum* (Vapaudenkatu 22, Veranstalter der Internationalen Plakatbiennale und beste Adresse für gute Gebrauchsgraphik) besuchen. Das *Historische Museum* im Gutshof Lahti (Lahdenkatu 4) zeigt unter anderem auch Teile der historischen Sammlungen des Museums von Wiborg (heute russisch) und eine bedeutende Sammlung europäischer Kunst.

Lieksa ㉗, das sich von den Ufern des Pielinensees bis hin zur russischen Grenze ausdehnt, hat als größte Sehenswürdigkeit das *Pielinen-Freilichtmuseum* (Pappilantie 2) zu bieten: Eines der schönsten Museen dieser Art in Finnland, mit etwa siebzig historischen und nachgebauten Gebäuden aus den Bereichen Land- und Forstwirtschaft und Handwerk.

Alljährlich Anfang Juli werden auf den Stromschnellen von Lieksa die finnischen *Meisterschaften der Flößer* veranstaltet. Ende Juli beginnt in Lieksa die Internationale Blechbläser-Woche, die Blasmusik von Klassik bis Jazz in allerhöchster Qualität bietet. Ein guter Tip für Musikliebhaber. *Ausflüge*: Von Lieksa aus mit dem Schiff quer über den *Pielinen* erreicht man die Felsenhügel des *Koli* (bis 347 Meter hoch), von denen eine atemberaubend schöne Aussicht über den Pielinensee hinweg möglich ist.

Mikkeli/St. Michel ㉘, in der historischen Landschaft Savo an einem Ausläufer des Saimaa-Seensystems und am Schnittpunkt alter Handelswege gelegen, hat eine für ostfinnische Verhältnisse sehr alte Besiedlung, die bis ins 10. Jahrhundert

Mitte: Auf einer kleinen Insel südöstlich der Altstadt von Savonlinna liegt die Festung Olavinlinna (Olofsburg).

Rechts oben und unten: Ehemalige Sommervilla und Jagdschloß des russischen Zaren in Rauhalinna, nordwestlich von Savonlinna.

zurückreicht. Die Steinsakristei der alten Kirche der Landgemeinde (Porrassalmenkatu 32 a) wurde um 1320 errichtet und gehörte zu einer mittelalterlichen Holzkirche, die im 18. Jahrhundert abgerissen wurde (heute *Kirchenmuseum*). – Mikkeli ist seit 1945 Bischofssitz, und seither trägt die Stadtkirche den Titel Domkirche (neugotischer Backsteinbau von 1897). Die *Kirche der Landgemeinde* (Otavankatu 9) ist eine ostfinnische Doppelkreuzkirche aus Holz von 1817 (von Matti Salonen und Charles Bassi). Mikkeli war während dreier Kriege (1918, 1939/40, 1941 bis 1944) Sitz der finnischen Heeresleitung und Hauptquartier von Feldmarschall Mannerheim. Sein Arbeitszimmer ist heute Museum (Päämajankuja 1–3). Weitere Museen sind das *Landschaftsmuseum* von Suur Savo (Otavankatu 11), ein *Kunstmuseum* (Ristimäenkatu 5) sowie das *Infanteriemuseum* (Jääkärinkatu 6–8).

Nurmes ㉙, die «Stadt der Birken» am Nordufer des Pielinen, wurde 1876 von Zar Alexander II. als Markt gegründet und erhielt 1974 die Stadtrechte. – Das alte Stadtviertel *Puu-Nurmes* (Holz-Nurmes) weist eine schöne Holzbebauung vom Ende des 19. und Anfang des 20. Jahrhunderts auf. – Die Attraktion der *Wildmarkstadt* ist das *Bomba-Haus* (Bombantalo), Mittelpunkt eines originalgetreu aufgebauten ostkarelischen Dorfs, mit Hotel und einem Spezialitätenrestaurant.

Die *Bomba-Festwochen* von Nurmes im Juli bieten als Höhepunkt Freilichtaufführungen mit einer Schauspielversion des finnischen Nationalepos Kalevala (siehe Seite 43), ein auch für nicht finnisch sprechende Besucher sehr interessantes und farbenprächtiges Spektakel.

Savonlinna/Nyslott ㉚, in einer der schönsten Gegenden Finnlands, in Südsavo, auf Inseln und Landzungen zwischen den Seen *Haapavesi* und *Pihlajavesi* im Saimaa-Seengebiet gelegen, ist eine der vielen Städtegründungen von Per Brahe (1639). Mit dem Bau des Saimaa-Kanals entwickelte sich die Stadt Savonlinna zu einem Knotenpunkt für die Binnenseeschiffahrt, zum Handelszentrum der Region und zu einem beliebten und zeitweilig mondänen (vor allem vor dem Ersten Weltkrieg) Kur- und Ferienort.

Sehenswert: Die Burg *Olavinlinna* vom Ende des 15. Jahrhunderts ist die schönste und besterhaltene Burganlage in Finnland. Alljährlich im Juli ist sie Schauplatz der weltbekannten Opernfestspiele, die auf eine Initiative der Sängerin Aino Ackté im Jahr 1912 zurückgehen. – Interessant ist die *Kleine Kirche* (Pikkukirkko) am Olavintori, eine ehemalige russisch-orthodoxe Garnisonkirche (1845 von Louis Visconti). Das *Provinzialmuseum* findet man in einem alten Getreidemagazin von 1851 auf der Halbinsel Riihisaari.

Ausflüge: Savonlinna ist Ausgangspunkt zahlreicher Binnenseelinien, unter anderem nach *Punkaharju*, *Kuopio*, *Joensuu* oder *Lappeenranta*. Möglich sind auch kürzere Fahrten, beispielsweise nach *Rauhalinna*, einer schloßartigen Sommervilla aus Holz des zaristischen Generals Nils Weckman (1900) mit verschwenderischer Schnitzornamentik (heute ein exklusives Sommerhotel und Spezialitätenrestaurant). – Die Gegend um Punkaharju (etwa 25 km südöstlich) stellte für zahlreiche Maler, Dichter und Künstler das Idealbild der finnischen Landschaft überhaupt dar. Das moderne Kunstzentrum *Retretti* ist eine einzigartige Attraktion: Hier finden während der Sommermonate, zum Teil in unterirdischen Felsenhallen, Aufführungen von Konzerten und Kammeropern statt, werden Kunstausstellungen veranstaltet. – Die Kirche von *Kerimäki* (20 km östlich; 1847 von Anders Fredrik Granstedt) ist der größte Holzsakralbau der Welt mit 3300 Sitzplätzen. Während der Opernfestspiele finden hier wie auch in anderen Orten der Umgebung Konzerte statt.

Tampere/Tammerfors ㉛ ist die drittgrößte Stadt Finnlands und liegt auf einer schmalen Landzunge zwischen den beiden Seen Näsijärvi und Pyhäjärvi. Die Stromschnellen der Tammer, die die beiden Seen verbindet, waren die Grundlage für das Entstehen einer blühenden Industrie. Tampere war im 19. Jahrhundert das «Manchester Finnlands» und deshalb auch ein Zentrum der finnischen Arbeiterbewegung. Die Stadt ist jedoch wegen ihrer naturschönen Lage, der vielen Parks und Freizeiteinrichtungen und des attraktiven Kulturangebots ein sehr beliebtes Touristenziel geworden.
Sehenswert: Der *Jugendstil-Dom* (1902–1907 von Lars Sonck) ist ein Gesamtkunstwerk von hinreißender Schönheit – mit seiner packenden und lebendigen «Square-rubble-Fassade», dem gewaltigen Innenraum, dessen Ausschmückung sich die bedeutendsten Künstler der Zeit annahmen. Die Malereien stammen zum großen Teil von dem Symbolisten Hugo Simberg (1873–1917), so die zwölf nackten, girlandentragenden Knaben an der Emporenbrüstung oder die Wandgemälde «Garten des Todes» und «Verwundeter Engel», eine seiner schönsten, seltsamsten und beeindruckendsten Arbeiten. – Die *Kaleva-Kirche* auf dem Felsenhügel Liisankallio ist ein grandioses Beispiel moderner finnischer Monumentalbaukunst (1964–1966 von Raili und Reima Pietilä). Vom selben Architektenehepaar wurde die 1986 fertiggestellte *Stadtbibliothek* (Tampereen kaupungin pääkirjasto) entworfen, ein Bau, in dem sich unkonventioneller Modernismus mit kühnem Konstruktivismus und plastischer Geschmeidigkeit vereint. Die orthodoxe *Kirche des Heiligen Alexander Newski* mit ihren sieben Kuppeln ist ein neobyzantinischer Backsteinbau der Jahrhundertwende. – Am Keskustori, dem Hauptplatz von Tampere, findet man die *Alte Kirche*, einen schönen Empireholzbau von Charles Bassi (1824). Hier stehen auch das *Rathaus* im Stil der Neurenaissance (1890) und das neoklassizistische *Stadttheater* (1913). Zahlreiche schöne Jugendstilbauten befinden sich im Stadtzentrum von Tampere.

Von den vielen hervorragenden Museen sind vor allem zu nennen das *Landschaftsmuseum von Häme* (Hämeen museo), das in einem Herrenhof im Park Näsipuisto untergebracht ist (mittelalterliche Sakralkunst und volkskundliche Sammlungen), das *Kunstmuseum* (Puutarhakatu 34) in einem ehemaligen Getreidemagazin (Carl Ludwig Engel, 1838) oder das *Sara Hildén-Kunstmuseum* im Freizeitpark *Särkänniemi* mit einer sehr bedeutenden Sammlung moderner Kunst.

Tampere ist vor allem eine Theaterstadt mit Tradition. Sein *Arbeitertheater* (Työväenteatteri) zählt zu den besten Bühnen des Landes. Im Sommer ist das Freilichttheater *Pyynikki* mit seiner drehbaren Zuschauertribüne sehr beliebt.
Ausflüge: Tampere ist zudem auch Ausgangspunkt zweier berühmter Binnenseerouten, der Silberlinie nach *Hämeenlinna* im Süden und des Dichterwegs nach *Virrat* im Norden.

Finnlands Westküste

Jakobstad/Pietarsaari ㉜, 1652 von Ebba Brahe, der Witwe des schwedischen Feldherrn Jacob de la Gardie gegründet, war bis zum Ende des 19. Jahrhunderts eine der bedeutendsten Schiffsbau- und Schiffahrtsstädte. Eine frühzeitige Diversifizierung der Industriezweige (wichtig die schon 1762 gegründete Tabakfabrik Strengberg) ließ Jakobstad zu den finnischen Städten mit der höchsten Industriedichte des Landes werden. Fährverbindung nach Schweden (Skellefteå).

Der bedeutende finnische Nationaldichter Johan Ludvig Runeberg wurde 1804 in Jakobstad geboren.
Sehenswert: Im Zentrum an der *Storgatan* schöne Empirebebauung des 19. Jahrhunderts (Malmska gården – Storgatan 2 –, 1836–1838 von Anders Fredrik Granstedt für den Reeder Peter Malm errichtet; heute Stadtmuseum). Der malerische *Stadtteil «Skatan»*, ein ehemaliges Arbeiter-, Handwerker- und Matrosenviertel, ist eines der besterhaltenen Holzhausviertel des 19. Jahrhunderts mit farbenfroher Bemalung. Die *Kirche* von Jakobstad ist eine Kreuzkirche (1728 bis 1731 von Johan Knubb). In ihren Ursprüngen sehr viel älter ist die *Kirche der Landgemeinde Pedersöre* (Vasagatan) aus dem 15. Jahrhundert. 1787 bis 1795 wurde sie von Jacob Rijf – aus altem Pedersörer Kirchenbaumeistergeschlecht – zur klassizistischen Kreuzkirche umgebaut. Jakobstad ist bekannt für seine zahlreichen gut erhaltenen Jugendstilbauten, beispielsweise die *Tabakfabrik Strengberg* mit ihrem charakteristischen Uhrturm (1909 von Torben Grut).

Kokkola/Karleby ㉝, 1620 von Gustav II. Adolf gegründet und im 18. und 19. Jahrhundert bedeutende Seehandelsstadt, war von 1770 an Wirkungsort des berühmten finnischen Nationalökonomen, Schriftstellers und Pfarrherrn Anders Chydenius (1729–1803).
Ausflüge: Im Juli lohnt ein Besuch im rund vierzig Kilometer südöstlich gelegenen Dorf *Kaustinen*, dessen Volksmusiktage inzwischen weltberühmt sind. – Das 67 Kilometer nördlich an der Küste gelegene *Kalajoki* ist vor allem wegen seines zwei Kilometer langen weißen Sandstrandes bekannt. Von dort lohnt sich ein Abstecher mit dem Dampfer «Kallatar» zur Fischerinsel *Maakalla*, der im 17. Jahrhundert vom schwedischen König eine gewisse Autonomie zugestanden wurde, die formell heute noch fortbesteht (schöne Kirche von 1780).

Kristiinankaupunki/Kristinestad ㉞. Die 1649 von Per Brahe gegründete Stadt mit alten Schiffahrts- und Schiffsbautraditionen blieb als einzige von Finnlands älteren Städten von größeren Bränden verschont. Das Zentrum, auf einem Schachbrettplan von 1651 errichtet, ist deshalb eines der schönsten originalen Holzstadtensembles in Skandinavien mit Häusern aus dem 18. und 19. Jahrhundert.

Oulu/Uleåborg ㉟, ist heute Finnlands sechstgrößte Stadt und wichtiges Industrie-, Handels- und Bildungszentrum für den Norden. Die Stadt wurde 1610 an der Mündung des Oulujoki gegenüber einer 1605 bis 1619 angelegten Burg gegründet. Trotz eines verheerenden Stadtbrandes 1822 behauptete Oulu seine Stellung als bedeutende Handels- und

Oben und unten: In Kerimäki, östlich von Savonlinna, befindet sich die größte Holzkirche der Welt mit rund 3300 Sitzplätzen. Sie wurde Mitte des 19. Jahrhunderts im neogotischen Stil nach Plänen von Anders Fredrik Granstedt erbaut.

Im Hohen Norden: Spätsommertag in der Nähe von Rovaniemi (links); an einem See bei Kittilä (Mitte).

Seefahrtsstadt auch im 19. Jahrhundert. Maßgeblich dafür war hauptsächlich der Export von Holzteer in alle Welt, der in den Waldgebieten des Hinterlandes – vor allem in Kainuu – gewonnen wurde. Große Handelsfirmen der «Teerbürger» entstanden, die sich in der Holzindustrie etablierten.

Sehenswert ist die *Burgruine* auf der Flußinsel Linnansaari. Der *Dom* wurde 1771 bis 1776 als Kreuzkirche errichtet und war damals, nach dem Dom von Turku, der größte Sakralbau des Landes. Nach dem Stadtbrand von 1822 erfolgten Umbau und Restaurierung unter der Leitung von Carl Ludwig Engel. Das *Gymnasium* (Torikatu 2, gegenüber dem Dom) ist ein besonders schöner Empirebau des architektonisch in Finnland omnipräsenten Carl Ludwig Engel (1832).

An Museen sind das *Kunstmuseum* (Asemakatu 18) und vor allem das *Landschaftsmuseum* von Nord-Ostbottnien (Pohjois-Pohjanmaan museo im Ainola-Park) mit seinen bedeutenden volkskundlichen Sammlungen zur Kultur- und Wirtschaftsgeschichte des Nordens zu nennen.

Der Oulu-Musiksommer (Juni bis August) bietet Höhepunkte, so *Kuus-Rock*, ein internationales Top-Rockfestival. *Ausflüge*: Die große, Oulu vorgelagerte Fischer- und Bauerninsel *Hailuoto* kann im Sommer mit einer kostenlosen Fähre (halbe Stunde Fahrtzeit) von *Oulunsalo* erreicht werden. – Sehr lohnend ist ein Ausflug zum *Freilichtmuseum Turkansaari* (14 km südöstlich) auf einer Insel im Oulu-Fluß. Die Dampferfahrt dorthin dauert drei Stunden; schneller, aber weniger romantisch geht's über die Landstraße. – Sehr sehenswert ist die Kirche von *Haukipudas* (17 km nördlich), mit Decken- und Wandmalereien des Rokoko-Malers Mikael Toppelius. – Der alte Fischereihafen und Marktflecken *Ii* an der Mündung des Iijoki (35 km nördlich) hat in seinem ältesten Teil (Iin Hamina) malerische Holzbebauung des 19. Jahrhunderts auf mittelalterlichem Stadtplan aufzuweisen.

Raahe/Brahestad ㊱ ist, wie der schwedische Name unschwer erraten läßt, eine der zahlreichen Stadtgründungen des Schweden Per Brahe (1649). Noch Mitte des 19. Jahrhunderts war Raahe Heimathafen der größten Handelssegelflotte Finnlands, doch mit dem Aufkommen der Dampfschiffahrt verlor die Stadt ihre wirtschaftliche Bedeutung. Erst 1973, mit der Errichtung des größten Eisen- und Stahlwerks, fand Raahe den Anschluß an die industrielle Entwicklung. *Sehenswert*: Im Zentrum die sehr schöne einheitliche Holzbebauung des 19. Jahrhunderts. Der *Pekkatori*, der Hauptplatz mit geschlossenen Ecken, wird von Bürgerhäusern des 19. Jahrhunderts umgeben. Das sehr interessante *Stadtmuseum*, in einem ehemaligen Packhaus von 1845, ist das älteste Museum Finnlands. Hier sind unter anderem Holzschnitzereien des bedeutenden Barockkünstlers Michael Balt (zweite Hälfte des 17. Jhs.) sowie allerlei Kuriosa, die Seeleute von ihren Reisen aus aller Welt mitgebracht haben, ausgestellt.

Vaasa/Vasa ㊲, Sitz der Provinzialverwaltung der gleichnamigen Provinz und offiziell zweisprachig (ungefähr 28 Prozent der Bevölkerung sind schwedischsprachig), wurde 1606 an der Stelle des heutigen Alt-Vaasa (Vanha Vaasa) gegründet. 1852 wurde die Stadt durch einen Brand vollkommen zerstört und danach an der jetzigen Stelle großzügig mit breiten

Bei Kajaani (rechts oben); Morgenstimmung in der Landschaft um Sotkamo (rechts unten).

Esplanaden und vielen repräsentativen Gebäuden, die der verantwortliche Architekt Carl Axel Setterberg in Anlehnung an englische Tudorgotik entwarf, wiederaufgebaut. Zwei Fährschifflinien verbinden die wichtige Industrie-, Handels- und Kulturstadt mit Schweden (Umeå und Sundsvall).

Sehenswert sind die *Stadtkirche*, ein neugotischer Backsteinbau von Setterberg (1857); orthodoxe *Nikolai-Kirche* (Kasarmintori), ebenfalls von Setterberg 1858 bis 1866 als russische Garnisonkirche errichtet. Das *Appellationsgericht* (Hovioikeus/Hovrätten; 1857–1862 von Setterberg) bildet den monumentalen Abschluß der Hauptesplanade im Westen, mit neugotischen und Neurenaissance-Bauten.

Vom alten Vaasa (1852 durch Brand vernichtet) blieben nur ganz wenige Gebäude übrig: So das *ehemalige Hofgericht*, 1787 im sogenannten gustavianischen Stil des schwedisch-französischen Klassizismus von Carl Fredrik Adelcrantz erbaut, das seit 1863 als Gemeindekirche von *Korsholm/Mustasaari* dient. – Zahlreiche Museen, darunter das *Museum von Ostbottnien* (Museokatu 3), ein *Provinz- und Stadtmuseum* mit bedeutenden Kunstsammlungen; Kunstsammlung *Tikanoja* (Hovioikeudenpuistikko 4) mit französischer und finnischer Malerei des 19. und 20. Jahrhunderts; Kunstsammlung *Kuntsi* (Ravikatu) mit finnischer zeitgenössischer Kunst.

Das *Puppentheater* von Vaasa ist weit über Finnlands Grenzen hinaus bekannt. Anfang Juni findet das *Vaasa-Festival* mit erstklassigem Marionettentheater statt; *Musikfestspiele* von Korsholm (Ende Juni) mit klassischer Musik.
Ausflüge: In *Solf* (17 km südlich) befindet sich das Freilichtmuseum Stundars, in dem im Sommer auch zahlreiche folkloristische Veranstaltungen ablaufen. – Die Holzkirche in *Vörå* (35 km nordöstlich) von 1627 ist im Innern mit Wandmalereien des späten 18. Jahrhunderts von Thomas Kiempe geschmückt. – *Isokyrö* (40 km östlich), ein altes Kirchspiel aus dem 13. Jahrhundert, hat zwei sehr sehenswerte Kirchen: Die Alte Kirche, ein Feldsteinbau des 14. Jahrhunderts mit herrlichen Renaissance-Wandmalereien von 1560, die in der finnischen Kunst des 16. Jahrhunderts einmalig sind. Die Neue Kirche ist ein neoromanischer Zentralbau, 1853 von Georg Theodor Chiewitz entworfen und 1877/78 errichtet.

Nordostfinnland (Kainuu-Koilismaa)

Kajaani ㊳, unbestrittenes Zentrum der Landschaft und als Hauptstadt einer geplanten Provinz Kainuu vorgesehen, ist eine der zahlreichen Stadtgründungen des schwedischen Generalgouverneurs Per Brahe (1651). Schon zu Beginn des 17. Jahrhunderts wurde hier mit dem Bau einer Festung begonnen, die als Schutz vor russischen Angriffen dienen sollte: 1716 wurden Festung und Stadt zerstört.
Sehenswürdigkeiten: Die *Stadtkirche* ist eine neugotische Holzkirche von 1896, im dekorativen Tischlerstil von Jac. Ahrenberg entworfen. Die Ruinen der Festung *Kajaaninlinna* liegen auf einer Flußinsel im Kajaaninjoki. Das *Rathaus* (Linnankatu/Vanha Tori) ist ein Empireholzbau mit Glockenturm, 1831 von Carl Ludwig Engel errichtet. Das *Landschaftsmuseum Kainuu* (Asemakatu 4) zeigt Sammlungen zur Kulturgeschichte von Kainuu, der Stadt Kajaani und ihrer Burg.

Ausflüge: Unbedingt sehenswert ist die Holzkirche im neun Kilometer entfernten *Paltaniemi* (1726 von Johan Knubb). Sie ist berühmt wegen ihrer schönen Rokokomalereien (1778 bis 1781) von Emanuel Granberg. – Das *Eino-Leino-Haus* ist dem großen finnischen Dichter (1878–1926) gewidmet, dessen Balladen «Helka-Lieder» zur Weltliteratur gezählt werden. Leino stammte aus Paltaniemi.

Kuhmo ㊴. Aufsehenerregende Naturschönheiten gibt es in den Wildmarken Ostfinnlands reichlich, so auch im Gebiet von Kuhmo (die Stromschnellen des Lentuankoski, die prächtige Seenlandschaft, die noch unberührte Wildnis entlang der Grenze nach Rußland. Hier sind die sonst in Finnland ausgestorbenen wilden Rentiere noch heimisch und auch Bären sind nicht selten). Die aufstrebende Kleinstadt (Stadtrechte 1985) wollte aber offenbar mehr sein, als nur ein Landstrich, wo sich Bär und Ren gute Nacht sagen, und so veranstaltet Kuhmo seit 1970 alljährlich im Juli die international renommierten Kammermusiktage mit Beteiligung von Spitzenmusikern aus aller Welt.

Kuusamo ㊵ in Koilismaa ist ein Mekka für zivilisationsmüde Städter, für Naturfreunde aller Art (Angler, Jäger, Kanuten, Wanderer etc.). Architektonische Sehenswürdigkeiten sucht man hier vergebens, abgesehen vielleicht vom pittoresken *Restaurant des «Hotels Kuusamo»*, dessen Dach der «Kota», dem Lappenzelt, nachempfunden ist. Bekannt ist die 5700 Quadratkilometer große Gemeinde vielmehr für die beeindruckende Landschaftsszenerie mit Fjälls (bis zu einer Höhe von 500 Metern), canyonartigen Flußtälern, Wasserfällen, Stromschnellen und Seenketten.
Sehenswürdigkeiten: Zum Schluchtsee *Julma-Ölkky* im Süden gelangt man über die Landstraße Kuusamo–Juntusranta, die mitten durch die Grenzmark führt. Beliebt sind Wildwasserfahrten, beispielweise auf dem *Kitkajoki*, etwa dreißig Kilometer nördlich des Kirchspiels. Auch im *Oulanka-Nationalpark* gibt es wilde Wasserfälle und großartige Wanderpfade. Zwei markierte Wanderrouten, Karhunkierros (Bärenrunde; ungefähr 75 km, im Norden) und Karhunlenkki (Bärenpfad; etwa 30 km, im Osten) führen an zahlreichen Highlights dieser Wildmark vorbei. Der 462 Meter hohe *Ruka-Fjäll* ist eines der beliebtesten Wintersportzentren Finnlands mit elf Skiliften und zahlreichen Loipen. Im Sommer kommen hier Mitternachtssonnenanbeter auf ihre Kosten.

Sotkamo ㊶. Am *Vuokatti*, Teil einer bis 350 Meter hohen Hügelkette, entstand ein bedeutendes Zentrum für den Wintersport in Finnland mit Sprungschanzen, die auch im Sommer benutzt werden können. Am *Villikatti-Hang* ist sogar Sommerrodeln möglich. Der sieben Kilometer lange herrliche Sandstrand am *Iso-Sapso-See* läßt die Badegäste allerdings bestimmt keine Minute dem Wintersport nachtrauern.

Rovaniemi ist das Zentrum Lapplands, der größten finnischen Provinz. Nach dem Zweiten Weltkrieg wurde Rovaniemi, das fast völlig niedergebrannt war, nach Plänen Alvar Aaltos neu aufgebaut. – Oben: Blick in das 1992 eröffnete Arktik-Museum (Arctic-Center) in Rovaniemi. – Unten: Am Lagerfeuer (links); Straßencafé in der Innenstadt (rechts).

Lappland

Enontekiö ㊷**,** Hauptort der gleichnamigen Gemeinde im Dreiländereck Schweden – Norwegen – Finnland, bildet den Eingang zum «lappischen Arm», dem einzigen Hochfjällgebiet Finnlands. Rund vierzig Fjälls sind hier mehr als tausend Meter hoch, darunter der höchste Berg Finnlands, der Halti (1328 Meter).

Inari ㊸ ist die flächenmäßig größte Gemeinde Finnlands und mit ungefähr 17 000 Quadratkilometern größer als Schleswig-Holstein. Sie umfaßt beinahe den ganzen äußersten Norden des Landes. In ihrer Mitte liegt der *Inarisee*, einer der größten Seen Finnlands, der im Süden, Südwesten und Westen von einer Fjällkette umgeben wird. Die Gemeinde ist das bedeutendste Rentierzuchtgebiet Finnlands. Im nordöstlichen Teil von Inari, *Sevettijärvi*, wurden nach dem Zweiten Weltkrieg etwa sechshundert orthodoxe Skoltlappen angesiedelt, die aus dem an die Sowjetunion abgetretenen Gebiet um Petsamo am Eismeer stammen. Sehenswert sind besonders das *Lappische Museum* (Inarin saamelaismuseo) in Inari oder auch die *Wildmarkkirche von Pielppajärvi* (1754–1760).

Im März finden in Inari die bekannten Rentier-Rennen der Lappen statt. Die sportlichen Wettbewerbe werden begleitet von der farbigfröhlichen Folklore der Lappen.

Rovaniemi ㊹ ist das wirtschaftliche und kulturelle Zentrum Lapplands und seit 1938 Provinzhauptstadt. 1944 wurde Rovaniemi beim Rückzug der deutschen Truppen nach Nordnorwegen fast völlig zerstört.

Sehenswert sind die *lutherische Kirche* (1950 von Bertel Liljequist) mit ihrem Monumentalfresko von Lennart Segerstråle, die *Provinzbibliothek* (Hallituskatu 9) von Alvar Aalto (1965) und das danebenliegende *Kulturzentrum Lappia-Haus*, ebenfalls ein Werk des großen finnischen Architekten Alvar Aalto (1975). Weitere herausragende Zeugnisse moderner Baukunst sind der *Busbahnhof* (1959 von Niilo Pulkka, Pekka Rajala und Lauri Leppänen) sowie das *Ounasvaara-Hotel* von Jaakko Laapotti aus dem Jahr 1968.

Im Lappia-Haus (Hallituskatu 11) sind zwei empfehlenswerte Museen untergebracht: Eine umfangreiche *Vogel- und Mineraliensammlung* sowie das *Lappländische Provinzmuseum*, das dem Naturliebhaber und Lappland-Fan den nötigen kulturgeschichtlichen Hintergrund für seine Schwärmerei vermitteln kann. 1992 öffnete das in seiner architektonischen Idee von der arktischen Natur inspirierte *Arktikum* seine Tore, ein Museum, Forschungszentrum und Treffpunkt für alle, die sich für die Natur, Kultur und Völker subpolarer Regionen interessieren (Pohjoisranta 4).

An der nördlichen Stadtgrenze verläuft der Polarkreis, beliebtes «Pilgerziel» einer Menschenspezies, die sich das Erreichen oder Überqueren gewisser geographischer Punkte oder Grade (Nordkap, Äquator, Datumsgrenze) zum Lebensinhalt erkoren hat («Polarkreisüberquerungsurkunde» wird hier gegen Entgelt ausgestellt).

Zwanzig Kilometer nördlich von Rovaniemi, am See *Norvajärvi*, befindet sich der deutsche Soldatenfriedhof mit seiner beeindruckenden *Grabkapelle* von dem Architekten Otto

Kindt (1964). Auf dem Soldatenfriedhof sind fast dreitausend deutsche Soldaten begraben, die im Krieg gegen die Sowjetunion 1941 bis 1944 bzw. im Lapplandkrieg gefallen sind.

Sodankylä ㊺ ist mit einer Gesamtfläche von fast 12 000 Quadratkilometern die zweitgrößte Gemeinde in Finnland. Bis zum Ende des 17. Jahrhunderts lebten in Sodankylä nur Lappen, die dann aber bald von finnischen Siedlern verdrängt wurden. Innerhalb eines Jahrhunderts war die lappische Kultur in dieser Region mehr oder weniger ausgerottet. Sehenswert ist die *Holzkirche* in Sodankylä von 1689.

Im hundert Kilometer nördlich von Sodankylä gelegenen *Tankavaara* wurde 1973 Europas einziges *Goldwäschermuseum* eröffnet, das die Geschichte der Goldgewinnung in Finnland dokumentiert. In Tankavaara finden im Sommer auch die Weltmeisterschaften im Goldwaschen statt.

Der neueröffnete *Urko-Kekkonen-Nationalpark*, benannt nach dem 1986 verstorbenen finnischen Staatspräsidenten, erstreckt sich nördlich des Stausees Lokka und östlich von

Dorfkirche in Lappland.

Tankavaara hin bis zur Grenze nach Rußland. Hier befindet sich das großartige Wandergebiet der *Saariselkä-Fjällregion*.

Tornio/Torneå ㊻, auf einer Insel im Mündungsgebiet des Tornionjoki in den Bottnischen Meerbusen gelegen, war schon im frühen Mittelalter als wichtiger Handelsplatz bekannt. Die Birleute (*birkarlar*) waren Lapplandfahrer und Kaufleute, die bis um 1550 das Monopol zur Besteuerung der Lappen innehatten. Sie handelten hauptsächlich mit Pelzwerk und Fisch. Tornio gehörte bis 1809 zur schwedischen Provinz Västerbotten, doch mußte Schweden im Frieden von Hamina neben Finnland auch alle Teile dieser Provinz östlich des Tornio-Flusses an Rußland abtreten. Die Verbindungen Tornios mit Schweden sind natürlich sehr eng: Das auf der anderen Seite der «friedlichsten Grenze der Welt» gelegene *Haparanda* bildet mit Tornio fast eine Doppelstadt.
Sehenswert: Die *Kirche* von Tornio (1684–1686 von Matti Härmä) ist eine der schönsten Holzkirchen des 17. Jahrhunderts. Die Blockpfeilerkirche ist im Innern von ungewöhnlicher Schönheit (kunstvolle Holzschnitzereien, prächtige Deckenmalereien). – Die *Kirche von Alatornio* (3 km südlich) ist ein klassizistischer Bau, den Jacob Rijf 1794 bis 1797 auf den Resten einer mittelalterlichen Feldsteinkirche errichtete. Zwei Museen sind hervorzuheben: Das *Aine-Kunstmuseum* (Torikatu 2) mit finnischer Kunst des 19. und 20. Jahrhunderts und das *Landschaftsmuseum* (Keskikatu 22) mit volkskundlichen Sammlungen aus dem Tornetal und aus Lappland.

Utsjoki ㊼ ist Finnlands nördlichste Gemeinde und die einzige Kommune mit mehrheitlich lappischer Bevölkerung. Den Mittelpunkt der Gemeinde, das *Tenojoki-Flußtal*, begrenzen auf norwegischer und finnischer Seite hohe Fjälls. Der aus dem Süden über das Felsplateau kommende Autofahrer gelangt abrupt in dieses beeindruckende, spärlich bewachsene Tal. Bis weit in unser Jahrhundert war Utsjoki eine weglose Ödmark. Die wichtige Straße 970 von Kaamanen/Inari wurde erst 1957 eingeweiht. Jetzt gibt es eine weitere Straße vom südlichen Gemeindeteil Karigasniemi aus.

Sehenswert sind die *Steinkirche* von Ernst Bernhard Lohrmann (1853) und der *Pfarrhof* von Carl Ludwig Engel (1843). Im Jahr 1972 wurde in Utsjoki der älteste archäologische Fund Finnlands getätigt: Ein Siedlungsplatz der *Komsa-Kultur*, einer primitiven Jägerkultur aus der Zeit um 10 000 v. Chr.

Ausflüge nach Rußland, Estland und Karelien

Wer schon einmal in Finnland ist, sollte die günstige Gelegenheit eines Abstechers in die benachbarten Länder der ehemaligen Sowjetunion nutzen. Einen Besuch lohnen auf jeden Fall drei Städte: *Sankt Petersburg*, das frühere Leningrad, das wegen seiner Schönheit, seiner phantastischen Lage auf 44 Inseln im Mündungsgebiet der Newa und wegen der zahlreichen Kanäle, die die Stadt durchziehen, auch «Venedig des Nordens» genannt wird; *Tallinn*, das frühere Reval, eine alte Hansestadt, Hauptstadt der Republik Estland mit seiner im frühen Mittelalter gegründeten, gut erhaltenen Stadtanlage und den engen Gassen und prächtigen Kirchen, über die der imposante Domberg wacht; deutscher Einfluß ist hier auf Schritt und Tritt wahrnehmbar; schließlich *Wiborg* (finnisch Viipuri, schwedisch Viborg, deutsch Wiburg), das bis 1944 zu Finnland gehörte und Hauptstadt der Provinz Karelien war. Reisen nach Rußland und Estland sind, sofern es sich nicht um Kreuzfahrten handelt, visumpflichtig (Visum kann in Helsinki vom Reisebüro besorgt werden).

Nach Sankt Petersburg werden zahlreiche mehrtägige Pauschalreisen mit Bus, Bahn und Flugzeug und auch Individualreisen mit Pkw angeboten. Solche Angebote gibt es auch für Tallinn; häufiger genutzt werden jedoch Tagesfahrten mit dem Schiff von Helsinki aus nach Sankt Petersburg oder Tallinn, die mit einigen Stunden Aufenthaltsdauer genügend Zeit für einen Bummel durch die Altstadt lassen. – Kürzer ist der Aufenthalt in Wiborg, das von Lappeenranta aus mit der «M/S Orivesi» nach einer Fahrt durch den Saimaa-Kanal (40 km Länge und acht Schleusen) erreicht wird. Um 22 Uhr endet die Tagesfahrt wieder im finnischen Lappeenranta.

Im Norden grenzt Finnland an Schweden und Norwegen. Im Westen wird es vom Bottnischen Meerbusen und im Süden vom Finnischen Meerbusen umgeben. Östliches Nachbarland ist Rußland. Durch den Schiffsverkehr auf dem Bottnischen Meerbusen sind die Küstenregionen Finnlands und Schwedens eng miteinander verwachsen.

Der finnischen Küste vorgelagert sind im Süden, Südwesten und Westen etwa 30 000 Inseln.

Etwa neun Prozent des finnischen Territoriums sind Binnengewässer. Rund 70 000 größere Seen liegen in Finnland. Allein das Gebiet der Saimaa-Seen bedeckt etwa 4400 Quadratkilometer, das entspricht der achtfachen Ausdehnung des Bodensees.

Finnland ist dünn besiedelt. Die Bevölkerungsdichte Finnlands, das mit 338 000 Quadratkilometer Fläche größer ist als Deutschland und Österreich zusammen, nimmt von Süden nach Norden stark ab.

Register

Kursive Ziffern verweisen auf Abbildungen.

Personenregister

Orts- und Sachregister

Text- und Bildnachweis

Textnachweis

Von Eberhard Winkler, München, stammt der Text «Die Sauna: Eine finnische Institution». Von Reinhold Dey, Hamburg, stammen die Texte «Empire, Jugendstil und Moderne – Architektur in Helsinki», «Selbst Jacob Grimm war angetan», «Helsinki und Sankt Petersburg – Eine Nachbarschaft auf Distanz», «Rapukesti – Ein Blick zurück in Wehmut». Die Texte «Mythos Windjammer» und «Spezialitäten von den Ålandinseln» stammen von Ralf Schröder, Hamburg.

Orthographie und Interpunktion der «Berichte aus dem Hohen Norden» folgen den benutzten Ausgaben:

Torsten Boberg: Nomaden des Nordens. Übersetzung von Ilse Meyer-Lüne. Berlin: Deutsche Verlagsgesellschaft 1937.
Henrik Helms: Finnland und die Finnländer. Leipzig. Fritsch 1869.
Viljo Kajava: «Laß und langsam rudern [...]» in: Ingrid Schellbach-Kopra (Hrsgin.): Still wie Licht in windloser Gegend. Lyrik aus Finnland. Karlsruhe: Von Loeper Verlag 1985.
Aleksis Kivi: Die sieben Brüder. Übersetzung von Edzard Schaper. Zürich: Manesse 1950.
Elias Lönnrot: Kalevala. Übersetzung von L. u. H. Fromm. Darmstadt: Wissenschaftliche Buchgesellschaft 1967.
Klaus Mann: Flucht in den Norden. Roman. München: Ellermann 1977.
Gustaf Retzius: Finnland. Übersetzung von C. Appel. Berlin: Reimer 1885.
Publius C. Tacitus: Germania. Übersetzung von Manfred Fuhrman. Stuttgart: Reclam 1972.

Bildnachweis

Archiv für Kunst und Geschichte, Berlin: S. 60 u.l., 60/61 u., 61 u., 82 u.l., 82 u.M., 82 r., 83.
Ateneumin taidemuseo, Helsinki: S. 60 o.l., 60/61 o.
Bildarchiv Verlag C.J. Bucher, München: S. 44 u.r., 74 u.r., 75 o.r., 78 l.
Bilderdienst Süddeutscher Verlag, München: S. 46 r.
Finnische Zentrale für Tourismus, Frankfurt: S. 80/81 u., 81 o.r. und u.r.
Kaupunginmuseo, Helsinki: S. 45 u.l., 76 l.M., 77 u.l., 77 o.r., 78/79, 79 r.
Keystone Pressedienst, Hamburg: S. 47.
Museo Porvoo, Porvoo: S. 44/45 o.
Niklas Bildarkiv, Mariehamn: S. 63 u., 146 u.l., 138 u.l.
National Museum of Finland, Helsinki: S. 15 (2), 58, 74 o.l. und u.l., 74/75 o., 75 u.l., 75 u.r., 76 u., 77 u.r.
Photographic Museum of Finland, Helsinki: S. 76 o.l., 76/77 o.
Taideteollisuusmuseo, Helsinki: S. 63 o.l. und o.r. (2).

Alle übrigen Abbildungen stammen von Fritz Dressler, Bremen.

Die Karten auf den Seiten 105, 110, 119 und 155 zeichnete Astrid Fischer-Leitl, München.

Wir danken allen Rechteinhabern für die Erlaubnis zu Nachdruck und Abbildung. Trotz intensiver Bemühungen war es nicht möglich, alle Rechteinhaber zu ermitteln. Wir bitten diese, sich an den Verlag zu wenden.

Alle Angaben dieses Bands wurden von den Autoren sorgfältig recherchiert und vom Verlag auf Stimmigkeit und Aktualität geprüft. Allerdings kann keine Haftung für die Richtigkeit der Informationen übernommen werden. Für Hinweise und Anregungen sind wir jederzeit dankbar.
Zuschriften bitte an den Verlag C.J. Bucher GmbH, Lektorat; Goethestraße 43, 80336 München.

Impressum

Bildkonzeption: Axel Schenck
Lektorat: Rüdiger Dingemann, Antje Eszerski
Bilddokumentation:
Maria Guntermann
Graphische Gestaltung:
Peter Schmid, Werner Poll
Herstellung: Angelika Kerscher

Druck und Bindung:
Druckerei Eberl, Immenstadt

Aktualisierte und erweiterte Neuauflage

Printed and bound in Germany
ISBN 3 7658 0942 X

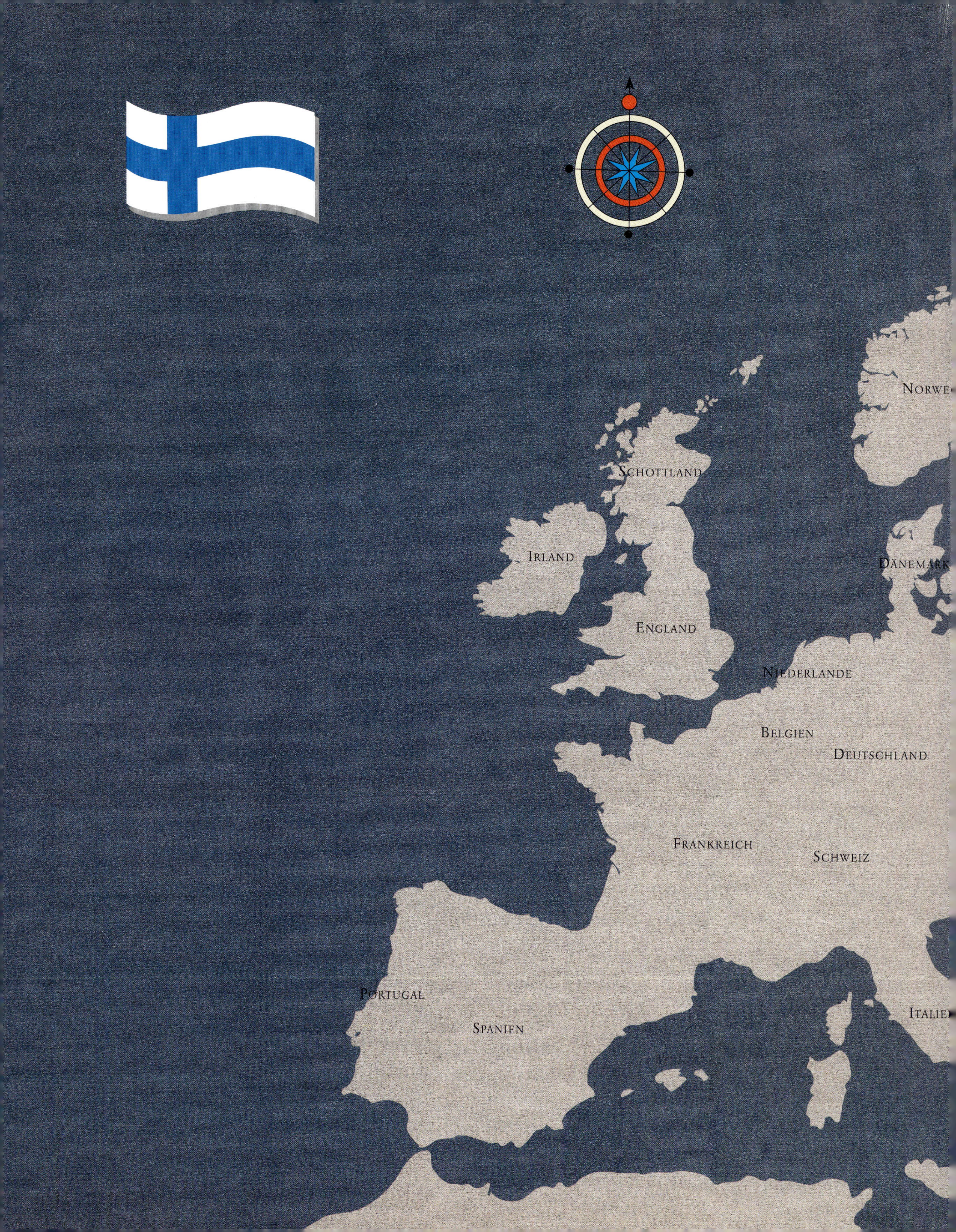
NORWE
SCHOTTLAND
IRLAND
DÄNEMARK
ENGLAND
NIEDERLANDE
BELGIEN
DEUTSCHLAND
FRANKREICH
SCHWEIZ
PORTUGAL
SPANIEN
ITALIE